BAUERNGÄRTEN
im Bergischen Land

Fotos Eberhard Vogler
Texte Karin Grunewald

Herausgegeben von

Thomas G. Halbach, Dipl.-Ing. Agr.

Inhalt

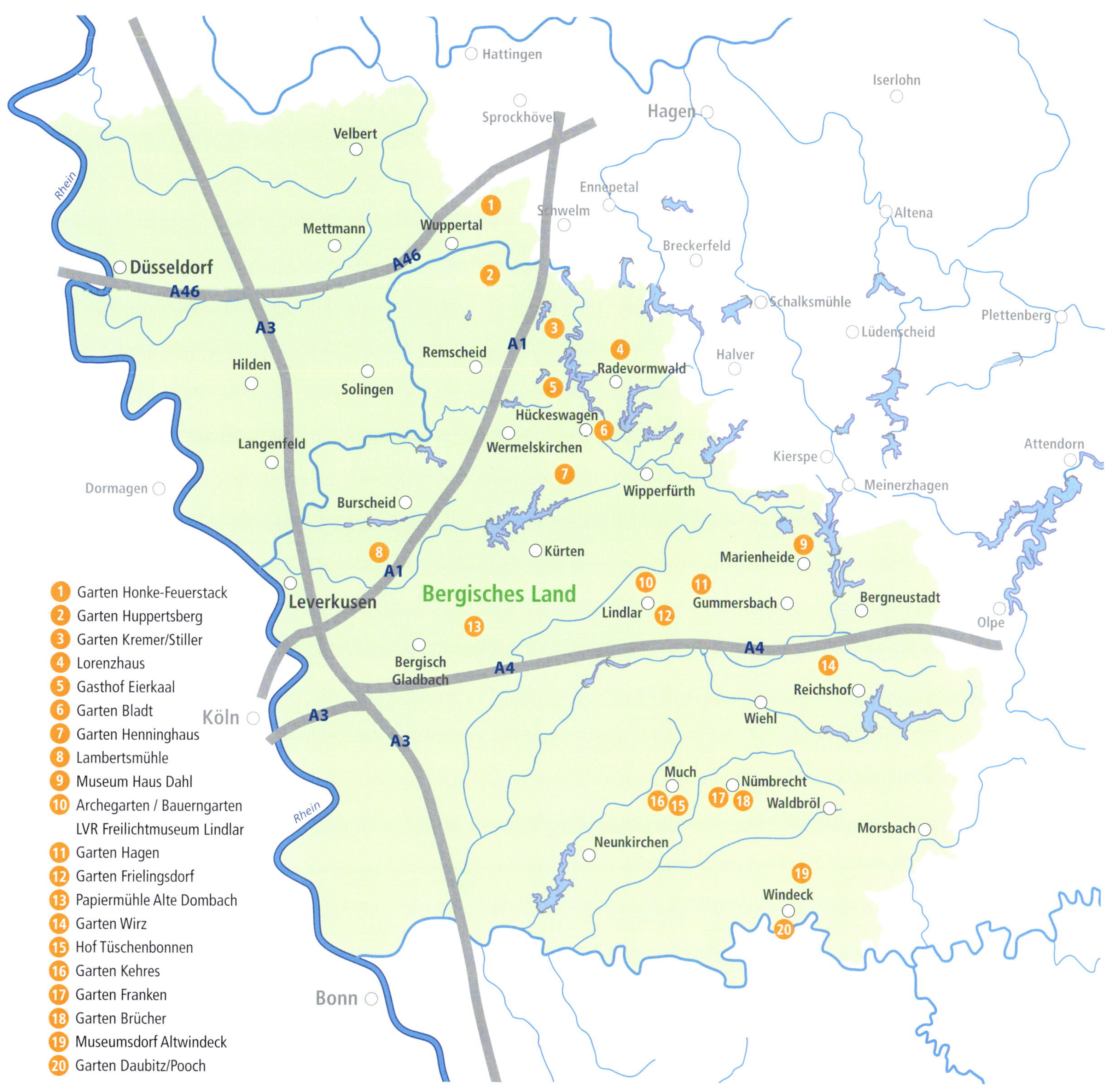

Hattingen
Iserlohn
Sprockhövel
Hagen
Velbert
Ennepetal
Schwelm
Altena
Rhein
Mettmann
Wuppertal
Breckerfeld
Düsseldorf
A46
A46
Schalksmühle
Plettenberg
Lüdenscheid
A3
Remscheid
A1
Radevormwald
Halver
Hilden
Solingen
Hückeswagen
Wermelskirchen
Langenfeld
Kierspe
Attendorn
Dormagen
Meinerzhagen
Wipperfürth
Burscheid
Kürten
Marienheide
A1
Leverkusen
Bergisches Land
Lindlar
Gummersbach
Bergneustadt
Olpe
A4
Bergisch Gladbach
A4
Reichshof
Köln
A3
Wiehl
A3
Much
Nümbrecht
Waldbröl
Rhein
Morsbach
Neunkirchen
Windeck
Bonn
1 Garten Honke-Feuerstack
2 Garten Huppertsberg
3 Garten Kremer/Stiller
4 Lorenzhaus
5 Gasthof Eierkaal
6 Garten Bladt
7 Garten Henninghaus
8 Lambertsmühle
9 Museum Haus Dahl
10 Archegarten / Bauerngarten
LVR Freilichtmuseum Lindlar
11 Garten Hagen
12 Garten Frielingsdorf
13 Papiermühle Alte Dombach
14 Garten Wirz
15 Hof Tüschenbonnen
16 Garten Kehres
17 Garten Franken
18 Garten Brücher
19 Museumsdorf Altwindeck
20 Garten Daubitz/Pooch

Am Anfang war der Zaun

Bauerngärten haben nie großes Aufsehen um sich gemacht. Sie waren da und sie taten ihren Dienst, ohne dass jemand ihnen besondere Beachtung schenkte, sie auszeichnete oder sie gar wegen ihrer Leistung oder ihres Wesens rühmte. Dass sie dennoch Jahrtausende überdauert haben, liegt vielleicht gerade an ihrer zurückhaltenden Schlichtheit, die nicht jedem Trend hinterherlief und sich aufs Praktikable, aufs Machbare, aufs Nützliche beschränkte.

Beinahe trotzig hat der Bauerngarten die Zeit an sich vorüberziehen lassen und sein Wesen und seine Bestimmung – wenn auch mit wechselnden Schwerpunkten – stets bewahrt. Auf engem Raum steht er für den ewigen Kreislauf des Säens und Erntens, des Wachsens und Vergehens, für die Verbindung von Mensch und Natur und die Verbindung von Nützlichem mit Schönem.

Obwohl es den Bauerngarten vermutlich gibt, seit die Menschen begannen sich anzusiedeln und Land urbar zu machen, existieren über seine Geschichte nur spärliche Aufzeichnungen. Es waren vor allem die Gärten der Reichen, des Adels und der Gelehrten, über die berichtet und geschrieben wurde und die damit der Nachwelt erhalten blieben. Bauerngärten hingegen waren so selbstverständlich und gewöhnlich, dass sich die gebildete Welt nicht mit ihnen auseinandersetzte.

So finden sich in alten Büchern und Urkunden, Abgabenlisten und Reiseschilderungen zwar Bruchstücke, aus denen sich die Geschichte des Bauerngartens in groben Zügen erkennen lässt. Einzelheiten aber verschweigen sie.

Von allen Unwägbarkeiten und fehlenden Quellen abgesehen, lässt sich dennoch eines festhalten: Die Entwicklung des Bauerngartens ist ein Spiegel der Geschichte, denn was immer sich in ihm veränderte war abhängig von wirtschaftlichen, gesellschaftlichen und kulturellen Einflüssen und Ereignissen in der Welt um ihn herum.

Gestalt und Bepflanzung des Bauerngartens sind nicht allein auf die bäuerliche Bevölkerung zurückzuführen. Beeinflusst wurden sie von alten klösterlichen Gärten, aber auch von städtischen Gärten, die viel mehr als auf dem Land dem Einfluss von weltweitem Handel, höherem Lebensstandard, aber auch Kunst und Kultur unterlagen.

Nicht zuletzt ist die Vielfalt des Bauerngartens keine bereits den Germanen von ihren Göttern gegebene Vielfalt. Sie ist entstanden durch Zucht, durch Handel, aber auch Entdeckung und Kolonialisierung anderer, teils ferner Länder, aus denen immer wieder Pflanzen „einwanderten", die heute so perfekt integriert sind, dass ihre fremdländische Herkunft kaum jemand mehr ahnt.

Das Leben auf dem Land – eine mühselige Geschichte

Während sich heute das öffentliche Image des Bauerngartens häufig auf ein idyllisches Fleckchen vor einem ebenso idyllischen Bauernhaus beschränkt, sieht die Geschichte des bäuerlichen Lebens gänzlich anders aus. Der Stand der Bauern lebte über viele Jahrhunderte in Abhängigkeit und Unfreiheit. Ihr Alltag war geprägt von Arbeit und Armut. Ihr Garten war über weite Strecken der Geschichte ein Nutzgarten, der einzig dem elementaren Bedürfnis der Ernährung diente, vielleicht noch der Hilfe bei Krankheiten oder dem Vertreiben böser Geister.

Die Bauern litten unter der Fron und sämtliche Versuche, die feudale Ordnung durch Bauernaufstände aufzulösen, scheiterten. In der zweiten Hälfte des 16. Jahrhunderts sank der Druck der Grundherren, die Städte wuchsen, es entstanden die ersten Gärtnereien und vom allgemeinen Aufschwung profitierten auch die Bauern und die Bauerngärten. Neue Gemüsesorten wie Rosenkohl, Gurken und Kürbisse wurden angepflanzt, Obst und einheimische Beeren kultiviert, sogar Blumen gesät. Aus dem 30-jährigen Krieg erwuchs eine neue Phase der Fron bis zur völligen Leibeigenschaft. Unter diesen Verhältnissen konnte von bäuerlicher Gartenkultur keine Rede sein. Bis in die ersten Jahrzehnte des 18. Jahrhunderts war kaum der Stand der Entwicklung wieder eingeholt, welchen der Bauergarten beinahe 200 Jahre früher schon erreicht hatte.

Erst das 19. Jahrhundert brachte die endgültige Befreiung aus der Leibeigenschaft und durch neue Arbeitsweisen einen mächtigen Aufschwung der Landwirtschaft. Mit zunehmendem Wohlstand spielten nun auch Sortenvielfalt und Ästhetik im Bauerngarten eine deutlich größere Rolle als in den Jahrhunderten zuvor. Er wurde farbiger, vielfältiger und bewusst gestaltet.

Im 20. und 21. Jahrhundert fand mit der Industrialisierung eine grundlegende Veränderung der Landwirtschaft statt. Im Nationalsozialismus passte der Bauerngarten in die „Blut und Boden“-Propaganda und wurde vom Regime aktiv gefördert, und während der Wirtschaftskrise und der Weltkriege wurde er - wieder einmal – zum wichtigen Nahrungsmittellieferanten.

In all diesen Jahrhunderten, gar Jahrtausenden, hatten die Bauern ihr Wissen von Mund zu Mund und ihre Pflanzen von Hand zu Hand weitergegeben und so dem Bauerngarten von Generation zu Generation das Überleben gesichert. Erst in den vergangenen paar Jahrzehnten, einem vergleichsweise winzigen Zeitraum, änderte sich genau das. Nun gab es Lebensmittel in den Geschäften, es gab Obst und Gemüse in Dosen, später Tiefkühlkost zu kaufen. In der Folge verschwanden viele Bauerngärten. Alte Gemüse- und Blumensorten starben aus, stattdessen säte man pflegeaufwendige und nicht nachzüchtbare Hybridsorten. Statt Großmutters alten Heilkräutern gab es wirksame Medikamente aus der Apotheke und auch die Kräuterecke im Garten schrumpfte auf Petersilie und Schnittlauch.

Von jenseits der Grenzen – Epochen, Entdecker und Einwanderer

Der Bauerngarten veränderte über die Geschichte hinweg seine „Population“ mit Gemüse- und Blumensorten, aber auch sein Erscheinungsbild durch äußere Einflüsse. Archäologische Funde bestätigen, dass die Menschen bereits in der Jungsteinzeit Gemüse anbauten: Linsen, Erbsen, Saubohne, Möhren, Pastinaken und Feldsalat, dazu Sauerampfer, Guter Heinrich und Wegerich, aber auch Äpfel. Über Jahrtausende beschränkte sich das Angebot der Bauergärten vermutlich auf einige wenige einheimische Sorten, viele davon in ihrer Wildform.

Die Römer waren den Germanen in ihrer Gartenkunst und Sortenvielfalt um Längen voraus. Sie brachten nicht nur neue Gemüsesorten wie Gurken, Sellerie und Rüben mit über die Alpen, sondern auch Würz- und Heilkräuter wie Raute, Dill und Kerbel; außerdem schmale Wege zwischen den Beeten, die sie schon damals mit Buchsbaum einfassten, Veredelungstechnik und Blumen. Der germanische Garten profitierte, er wurde vielfältiger, ertragreicher und schöner – auch wenn all das nach der Völkerwanderung ein jähes Ende fand.

Wer auszog, brachte aus der Ferne Pflanzen mit, die es zu Hause nicht gab: Kreuzritter von den Kreuzzügen, Seefahrer von ihren Entdeckungsreisen, Händler auf ihren Handelswegen, Eroberer aus neuen Kolonien. Aus Amerika reisten Sonnenblume, Dahlie, Kapuzinerkresse, Tomate und Kartoffel ein, aus der Türkei Flieder, Tulpe und Hyazinthe, aus Asien Rhabarber und Tränendes Herz.

Auch der Geist von Stilepochen hinterließ Spuren in den Bauerngärten. Der Forscherdrang der Renaissance brachte aus Italien neue Sorten, Zuchtanstrengungen und architektonisch gestaltete Gärten mit bewusst gesetzten Blickachsen und –punkten. Der Gartenstil des französischen Barock stand für Blüten und Farben, aber auch für die Darstellung von Macht. Die Natur erstarrte zur Geometrie, der natürliche Wuchs wurde in Kugel-, Säulen- oder gar Tierform gezwungen. Auch auf dem Land fanden sich die stark in Form geschnittenen Eiben und Buchsbäume der adeligen Gärten wieder.

Einfluss der Klöster

Die Mönche der Zisterzienser und Benediktiner führten von jenseits der Alpen nicht nur das Christentum im Gepäck, sondern auch Gartenkunst, Ableger, Samen und Wissen bezüglich Zucht und Veredelung. Sie waren weitestgehend Selbstversorger und ein Garten in der Klosteranlage eine Selbstverständlichkeit.

Es ist als sicher anzusehen, dass die Bauern vom klösterlichen Gärtner das ein oder andere Gewächs für den eigenen Garten erhielten. Dass der Pflanzenbestand in den Bauergärten in Mitteleuropa starke Übereinstimmungen aufweist, ist nicht zuletzt auf die Verbreitung zwischen den Klostergärten zurückzuführen.

Die Klöster waren anfangs des Mittelalters fast die einzigen, die für eine medizinische Versorgung der Bevölkerung sorgten. Klösterliche Aufzeichnungen verweisen auf Minze, Mohn und Melisse, auf Eberraute, Fenchel und Endivie. Die Äbtissin Hildegard von Bingen dokumentierte im 12. Jahrhundert in ihrer „Physika“ über 200 Kräuter und Heilpflanzen, wobei sie sich ausdrücklich auf das Volkswissen bezieht. Danach waren Anis und Kümmel, Basilikum, Majoran und Thymian schon damals in beinahe allen Bauerngärten vertreten.

Mit dem St. Gallener Klosterplan aus dem 9. Jahrhundert liegt ein Dokument über ein allgemeines Schema für Benediktiner-Klöster vor. Es enthält bereits die Aufteilung in vier Quadrate, ein Wegekreuz und die Betonung einer Mitte, also genau die Form, die über Jahrhunderte die Form des Bauerngartens bestimmte.

Einfluss der Städte

Im Mittelalter und weit darüber hinaus spielten auch in den Städten Nutzgärten eine wichtige Rolle zur Versorgung der Bevölkerung. Lange Zeit ging es in den Städten noch sehr ländlich zu. Eine Ansicht aus Köln 1798 zeigt noch grasende Rinder in unmittelbarer Nähe des Domes.

Eine rein städtische Erfindung ist der Blumengarten. Zunächst waren es die reichen Patrizier, die sie anlegten, verbunden mit dem Stolz, möglichst viele Exoten zu besitzen. Alle Handelsbeziehungen wurden ausgenutzt, um neue Pflanzen in die eigenen Gärten zu holen bis hin zur skurrilen „Tulpenmanie“, in der immense Summen für Zwiebeln als Spekulationsobjekte gezahlt wurden. Die bürgerlichen Gärten waren groß angelegt und dienten vielfach nur der Zierde und Entspannung.

Ganz allmählich vollzog sich die Einwanderung fremder Gäste in den Bauerngarten, in der Nähe der Städte früher, auf entlegenen Dörfern erst nach vielen Generationen. Viele Blumen wie Narzissen, Ranunkeln und Tagetes, die heute zum Bestand des Bauerngartens gehören, wurden über die städtischen Gärten eingeführt.

Entgegen allen Trends – ein Bauerngarten bleibt ein Bauerngarten

Es ist also festzuhalten, dass es diverse Einflussfaktoren auf den Bauerngarten gegeben hat. Dass er dennoch über weite Teile der Menschheitsgeschichte nahezu immer das blieb, was er von Beginn an war und der Wechsel der Gartenstile an ihm weitestgehend vorüber ging, liegt insbesondere an drei Dingen: Erstens war er wichtig, wenn nicht gar lebenserhaltend für seine Besitzer. Zweitens musste er es ihnen so leicht wie möglich machen und drittens waren seine Besitzer in der Regel nicht geprägt von Fortschrittlichkeit und Sinn für Firlefanz.

Die Arbeit des Bauern lag auf dem Feld, im Garten wirkte die Frau. Doch auch die Bäuerin fand in Zeiten von Saat und Ernte wenig Zeit für ihn. Entsprechend war die Pflanzenwahl: Das Gemüse durfte nicht schwierig in der Pflege sein, die Blumen mussten gleich ins Freie gesät werden können. Von den vielen Tausenden fremder Pflanzen, die im Laufe der Jahrhunderte aus dem Ausland in die Gärten gebracht wurden, nahm die Bäuerin nur, was diesen Bedingungen im wahrsten Sinne des Wortes gewachsen war. Was sich nicht bewährte oder zu viel Pflege benötigte, verschwand schnell wieder. Was sich seinen Platz eroberte, hatte ihn sich durch seine Robustheit und Anpassungsfähigkeit verdient.
Auch die Architektur und Formgebung der Bauerngärten hat zwar den Anschein, als sei sie an alte städtische und klösterliche Gärten angelehnt, aber sie entspringt im Bauerngarten nicht dem Sinn für architektonische Fluchten oder Schönheit. Sie hat – zumindest ursprünglich – einen rein praktischen Hintergrund.
Was von Beginn an alle Bauerngärten eint, ist eine äußere Umgrenzung. Das indogermanische „ghorto-s", das so viel wie einfassen, einhegen bedeutet, ist mit hoher Wahrscheinlichkeit der Ursprung des Wortes Garten. Nur mit einer Umgrenzung war der Garten vor wildlebenden Tieren und Haustieren geschützt.
Die formale Anlage der Bauerngärten hat sich über all die Jahre nicht wesentlich gewandelt. Die quadratischen oder rechteckigen Gärten liegen in aller Regel direkt am Haus in sonniger Lage. Die schlichteste Untergliederung ist die Teilung des Rechtecks durch einen Mittelweg und eventuell einen rundum führenden Seitenweg. Im klassischen Grundriss teilt ein gekreuzter Weg den Garten in vier Bereiche, die häufig mit Buchs eingefasst sind. Häufig befindet sich in der Mitte des Wegekreuzes ein Rondell, manchmal mit einem Baum, Strauch oder Brunnen.
Mit dem Wegekreuz wurde nicht nur die mittelalterliche Kreuzsymbolik aufgenommen, sondern es führte zu klaren und kurzen Wegen, also zu guter Orientierung und Zugänglichkeit. Die Beete waren von allen Seiten zu erreichen, ohne sie betreten zu müssen. Die Arbeit ließ sich schnell und effizient erledigen.
Die Besitzer der Bauerngärten hielten am Altbewährten fest, sie begegneten Neuem kritisch und erprobten es vorsichtig. Mit zahllosen Erfahrungen, Enttäuschungen und Erfolgen, vor allem aber mit Zeit und Bedacht veränderten sie den Bauerngarten und bewahrten dabei stets sein Wesen und seine Seele.

Der Bauerngarten heute – zwischen Tradition und Weitblick

Gerade als es schien, als würde der Bauerngarten aussterben und durch Rasenflächen und Parkplätze abgelöst, wurde er von der Allgemeinheit neu entdeckt. Der hauptsächliche Unterschied liegt weniger im Bauerngarten selbst als in der Motivation seiner Gärtner. Auch heute steht Selbstversorgung noch, beziehungsweise wieder hoch im Kurs. Allerdings nicht, um etwas zu essen zu haben – das gibt es mit deutlich weniger Aufwand zu kaufen. Es geht um gesunde und frische Ernährung und insbesondere darum, zu sehen und zu wissen, woher das, was auf dem Teller liegt, stammt und wie und warum es gewachsen ist. Museen nehmen den Bauerngarten in ihr Programm auf, verbreiten Wissen und Pflanzen, schlagen den Bogen von Tradition zur aktuellen Relevanz. Manche vom Aussterben bedrohte Pflanzen wie Alant oder Gartenmelde können in Bauerngärten überleben. Die Gärten können und sollen wie früher auch ein Refugium für Tiere sein, die zum funktionierenden Kreislauf der Natur dazugehören.

Der Bio-Trend mag seinen Teil zur Auferstehung des Bauerngartens beigetragen haben, ein gestiegenes Bewusstsein für Umwelt, Natur und Sortenvielfalt, der Wunsch, mit den eigenen Händen zu arbeiten, seine Kreativität auszuleben, seine Freizeit sinnvoll zu verbringen oder das Bedürfnis, in einer sich immer schneller drehenden Welt ein Stück Selbstbestimmung und Frieden zu finden. Oder alles zusammen. Die Motivationen sind so vielfältig wie die Gärten.

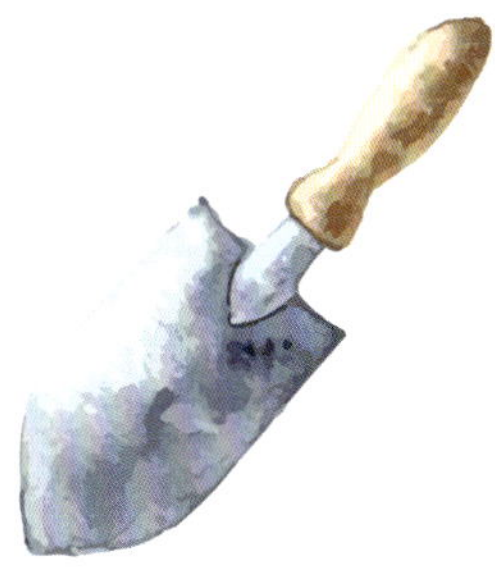

Hatten lange Zeit die Stadtgärten Einfluss auf die Bauerngärten, ist es heute andersherum. Urban Gardening, vertikales Gärtnern, Gemeinschaftsgärten bis hin zur „essbaren Stadt“ wie in Andernach bilden das Prinzip der Bauerngärten auch mitten in der Stadt ab. Mit Nostalgie hat das alles wenig zu tun. Bauerngärten machen heute noch genau so viel Arbeit wie vor 100 oder 1000 Jahren – nur dass es heute ein Hobby ist und kein Lebenserhalt. Bauerngärtner stehen mit beiden Beinen fest auf dem Boden. Sie wollen nicht „zurück zur Natur“, sondern ein Leben mit der Natur in Gegenwart und Zukunft. Sie erhalten dafür das Erlebnis von Wachsen und Ernten, von Blüten und Früchten, von Nutzen und Schönheit – ein Geschenk, das der Bauerngarten kraft seines Wesens und zeit seiner Existenz nahezu unverändert verteilt hat.

Selbstbedienung an der Straße

Gerlinde Honke-Feuerstack, Sprockhövel-Herzkamp

Familie, Bauerngarten, Blumenfeld, Schafe und Hühner – für Gerlinde Honke-Feuerstack hängt all das eng zusammen. Es ist Selbstversorgung, Hobby, Berufung, Beruf und eines bedingt das andere. Der Mist der Tiere kommt als Dünger in die Beete, auch ein Ballen Stroh von den Schafen wird schon mal verteilt, und im Garten wächst biologisches Futter für Mensch und Tier. „Wenn eins wegbricht, bricht alles weg", sagt sie über den Kreislauf, den sie am Leben hält.

Ihr Blumenfeld ist nicht nur in Sprockhövel bekannt und hat es bereits in einschlägige Zeitschriften geschafft. Nicht nur die üblichen Sonnenblumen und Gladiolen wachsen hier, sondern auch Dahlien, Astern, Gräser und „Kleinzeug", wie es die Gärtnerin nennt. Kurz: alles, woraus sich noch vor Ort ein kompletter Strauß binden lässt. Was es kostet, rechnet der Kunde selbst aus und steckt es in eine aufgestellte Box. Nicht selten liegen auf einem Tisch auch noch Obst und Gemüse aus dem Bauerngarten, die ebenfalls in der sehr ursprünglichen Form der Selbstbedienung zum Kauf bereit stehen.

Im Garten wächst, was die Familie mag. „Die ist da eher konservativ", sagt Gerlinde Honke-Feuerstack. „Besonders experimentierfreudig bin ich daher nicht." Was nur bedingt stimmt, denn aus dem, was „konservativ" im Garten wächst, stellt sie kreativ Marmeladen und Liköre her, füllt sie in Gläser und Flaschen und versieht sie mit handschriftlichen Etiketten.

Sie betreibt eine konsequente Misch- und Flächenkultur mit eingehaltener Fruchtfolge und klare Strukturen sind ihr wichtig. „Ohne System finde ich mich nicht zurecht, sonst schwappt das über meinem Kopf zusammen“, sagt sie. Bei allem Spaß und aller Entspannung: Garten, Feld und Tiere machen Arbeit und die Zeit bleibt nicht stehen. „Man selbst verändert sich“, sagt Gerlinde Honke-Feuerstack, „und mit sich selbst verändert sich der Garten.“ Seit die Kinder aus dem Haus sind, sind größere Flächen mit Kartoffeln bestückt. Die brauche man immer.

Der Gedanke, kürzerzutreten und das ein oder andere aufzugeben, entsteht, wird aber meist schnell wieder verworfen. Um den Kreislauf nicht zu unterbrechen, aber auch wegen des persönlichen Nutzens. „Dass ich mir jederzeit eine dicke Portion Erdbeeren machen kann – das empfinde ich als Super-Luxus“, sagt Gerlinde Honke-Feuerstack. Auch die Blaubeeren und Himbeeren, die jeden Morgen auf das Müsli kommen. „Besser kann das Leben nicht sein.“ Doch, eins wäre zusätzlich zu Blumen, Obst und Gemüse noch zu sagen: „Durch das Blumenfeld und den Verkauf komme ich mit Menschen zusammen – und es sind zu 95 Prozent nette Menschen!“

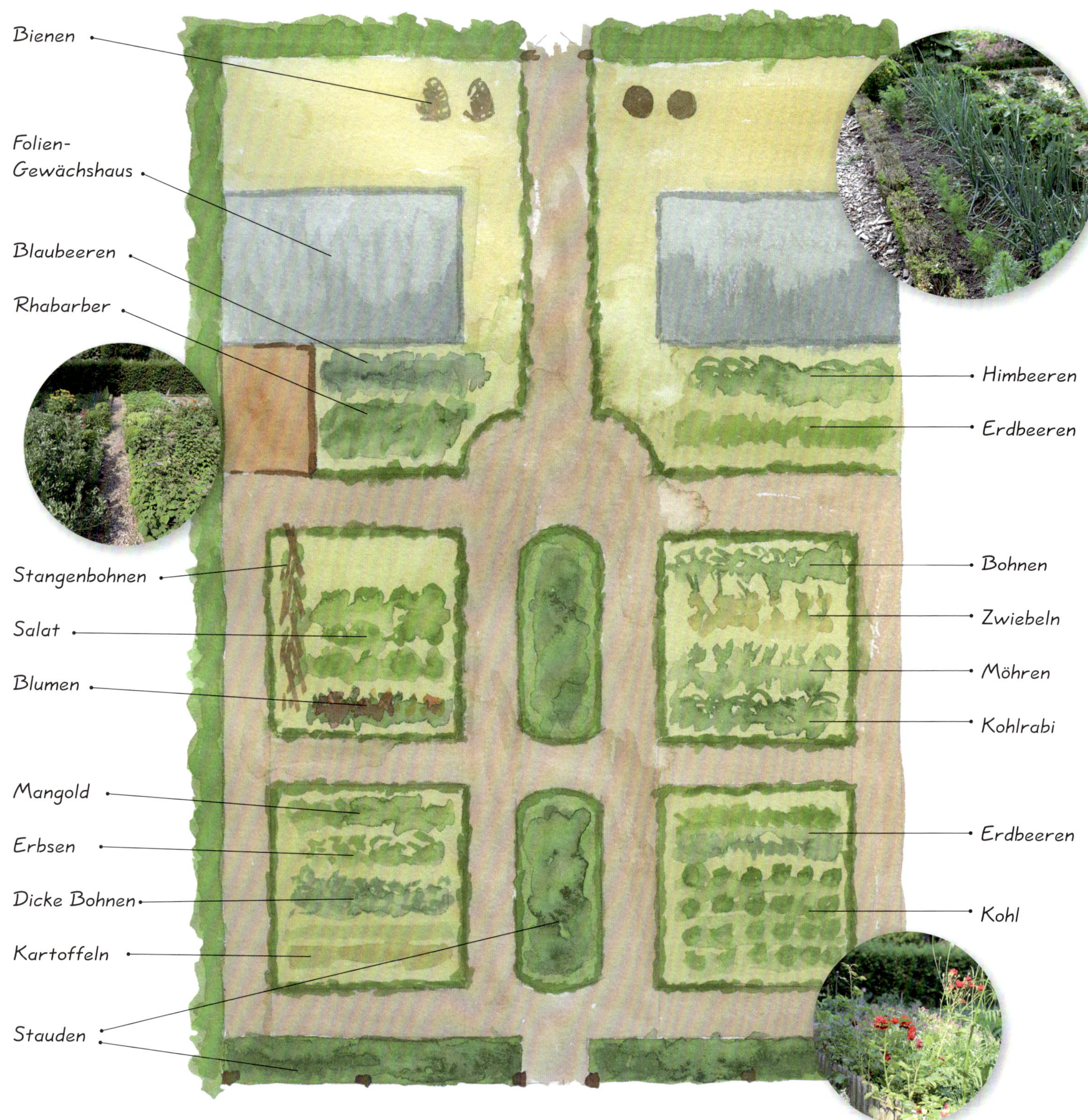
Bienen
Folien-
Gewächshaus
Blaubeeren
Rhabarber
Stangenbohnen
Salat
Blumen
Mangold
Erbsen
Dicke Bohnen
Kartoffeln
Stauden
Himbeeren
Erdbeeren
Bohnen
Zwiebeln
Möhren
Kohlrabi
Erdbeeren
Kohl

Zwischen Islandponys und Trecker

Britta und Andre Huppertsberg, Wuppertal

Britta Huppertsberg gehört zur vierten, ihre Kinder zur fünften Generation, die auf dem Bauernhof wohnen, der seit dem Jahr 1900 existiert. Ihr Urgroßvater baute damals nicht nur ein Haus, sondern legte auch einen Garten an. Bis heute ist dieser zwar etwas verkleinert worden, aus einem Teil des Nutzgartens wurde ein Ziergarten, aber im Grunde hat sich nichts Wesentliches verändert.

In säuberlichen Reihen wächst Gemüse, umgeben von einer dichten, schützenden Hecke, die nur von Stangenbohnen und Sonnenblumen überragt wird. Brombeeren und Himbeeren, Johannisbeeren und Stachelbeeren haben bereits viele Jahre überdauert und tragen immer noch reichlich Früchte. „Seit Urzeiten haben wir auch dicke Bohnen", erzählt Britta Huppertsberg. Früher noch auf dem Feld, später dann nur noch im Garten. Aus dem Bauernhof, auf dem der Vater bis 1998 Kühe und Hühner hielt, hat sie eine Pferdepension mit Offenstall gemacht. Hauptsächlich Islandpferde sind bei ihr eingestellt.

Es ist ein Fulltime-Job, den die gelernte technische Zeichnerin auf dem Hof innehat. Der Garten macht dabei zusätzlich Arbeit, aber dafür muss sie deutlich seltener einkaufen gehen. Vom Salat im März bis zum Grünkohl nach dem ersten Frost kommt nur frisches Gemüse auf den Tisch, und im Winter holt sie es ähnlich frisch aus der Tiefkühltruhe. „Meine Kinder behaupten, es gäbe immer Kartoffeln", sagt Britta Huppertsberg schmunzelnd. „Immer!" Das stimmt so nicht ganz, denn es gibt auch durchaus mal Nudeln und Reis, aber im Großen und Ganzen gilt auf dem Hof: „Wir kochen hier wie früher." Das heißt Kartoffeln und Gemüse. Spaghetti wachsen nun mal nicht im Gemüsebeet.

Auch wenn ihre Mutter es wegen der Arbeit schon mal in Erwägung gezogen hatte, den Garten aufzugeben, kommt das für Britta Huppertsberg gar nicht in Frage. Sie will es wachsen sehen, sie will ernten können. Im Übrigen sei Gartenarbeit auch keine wirkliche Arbeit. „Joggen wäre für mich wesentlich anstrengender", sagt sie. „Ich gehe halt nicht in den Sportpark, ich gehe umgraben."

Ihr Mann Andre Huppertsberg führt die Landwirtschaft im Nebenerwerb fort, hilft bei den Ponys und hat einen knallroten McCormick Trecker Modell D-320 aus der Mitte des vergangenen Jahrhunderts restauriert. Doch mit Nostalgie hat das tägliche Leben bei Familie Huppertsberg wenig zu tun. Sie haben nur das ein oder andere aus der Vergangenheit in die Gegenwart integriert. Zum Beispiel auch, das Beste aus dem rauszuholen, was man hat. „Leere Flächen mag ich gar nicht", sagt Britta Huppertsberg. „Ich säe immer in die letzte Ecke noch etwas."

Stachelbeeren
Himbeeren
Sonnenblumen
Dicke Bohnen
Rhabarber
Hochbeete
Salat, Gurken
Kräuter
Kartoffeln
Rote Beete, Möhren
Zwiebeln, Porree
Bohnen, Grünkohl
Blumen, Stauden

W
M 919

Aus einem Traum wird Lebensraum

Eva Kremer und Frank Stiller, Wuppertal

Der Garten von Eva Kremer und Frank Stiller hat richtig Glück gehabt. Seine Besitzer sind beide gelernte Gärtner und wissen, was ihm gut tut. Als sie das Haus, Baujahr 1825, um die Jahrtausendwende bezogen, hatten sie einen Traum: ein Lebensraum, der Drinnen und Draußen verbindet. Das war hier möglich, und nun gehen auf einer Ebene Wohnzimmer, Wintergarten und Garten ineinander über.

Eva Kremer hat beim BUND gearbeitet, Frank Stiller ist im Naturschutz tätig und der Naturschutzgedanke steht auch auf dem 1.500 Quadratmeter großen Grundstück im Mittelpunkt. Die Gärtner wollen einen Akzent setzen gegen den Trend, Wiesen zu Äckern umzubrechen, gegen Monokulturen und den damit einhergehenden Rückgang der Artenvielfalt. So teilen sie ihren Lebensraum zum Beispiel mit Arten von der Roten Liste wie der Heidenelke und dem Straußfarn, aber auch mit urbergischen Apfelsorten.

Über 100 verschiedene Apfelsorten gibt es im Bergischen und ein Baum bietet Lebensraum für tausende Tiere. Die alten Sorten sind gehaltvoller als die Einheitssorten aus dem Supermarkt und selbst Apfel-Allergiker vertragen sie häufig gut. Die im Wuppertaler Garten tragen darüber hinaus so reizende Namen wie Schlotterkern, Seidenhemdchen oder Zuccalmaglio – benannt nach dem Waldbröler Forscher, Dichter und Musiker. „Frostfrei und mäusesicher im Schuppen gelagert ist der Zuccalmaglio auch im Februar noch frisch und schmeckt“, berichtet Eva Kremer.

Doch das Grundstück hat noch mehr zu bieten. Durch seine geschützte Südwest-Lage sammelt sich die Wärme der Sonne, lässt Wein und einen Feigenbaum gedeihen und den Maulbeerbaum reiche Früchte tragen. Internationale Vielfalt.
Schnell bestätigte sich für die Gärtner, dass Artenvielfalt bei den Pflanzen auch zu Artenvielfalt bei den Tieren führt. „Es blüht eigentlich immer irgendetwas", sagt Eva Kremer. Daher tummeln sich zu jeder Jahreszeit zahllose Insekten im Garten, die sich selbst und auch die Pflanzen vermehren. Im Teich haben sich Kammmolche angesiedelt und im Kompost nutzen Ringelnattern die Verrottungswärme, um bequem ihre Eier ausbrüten zu lassen.
Das Ziel Lebensraum zu sein hat der Garten quasi nebenher erfüllt. An einem Baum ist eine Hängematte befestigt, auf der Leine flattert Wäsche zum Trocknen, Kaninchen hoppeln umher, der Weg von der Küche zum Kräuterbeet ist kurz. „Er ist Blumengeschäft, Spaß, Selbstversorgung und Seelenpflege", sagt Eva Kremer, „und dieser vielfältige Nutzen inspiriert uns immer wieder aufs Neue." So bekommt das Wort „Nutzgarten" plötzlich nochmal eine ganz andere Bedeutung.

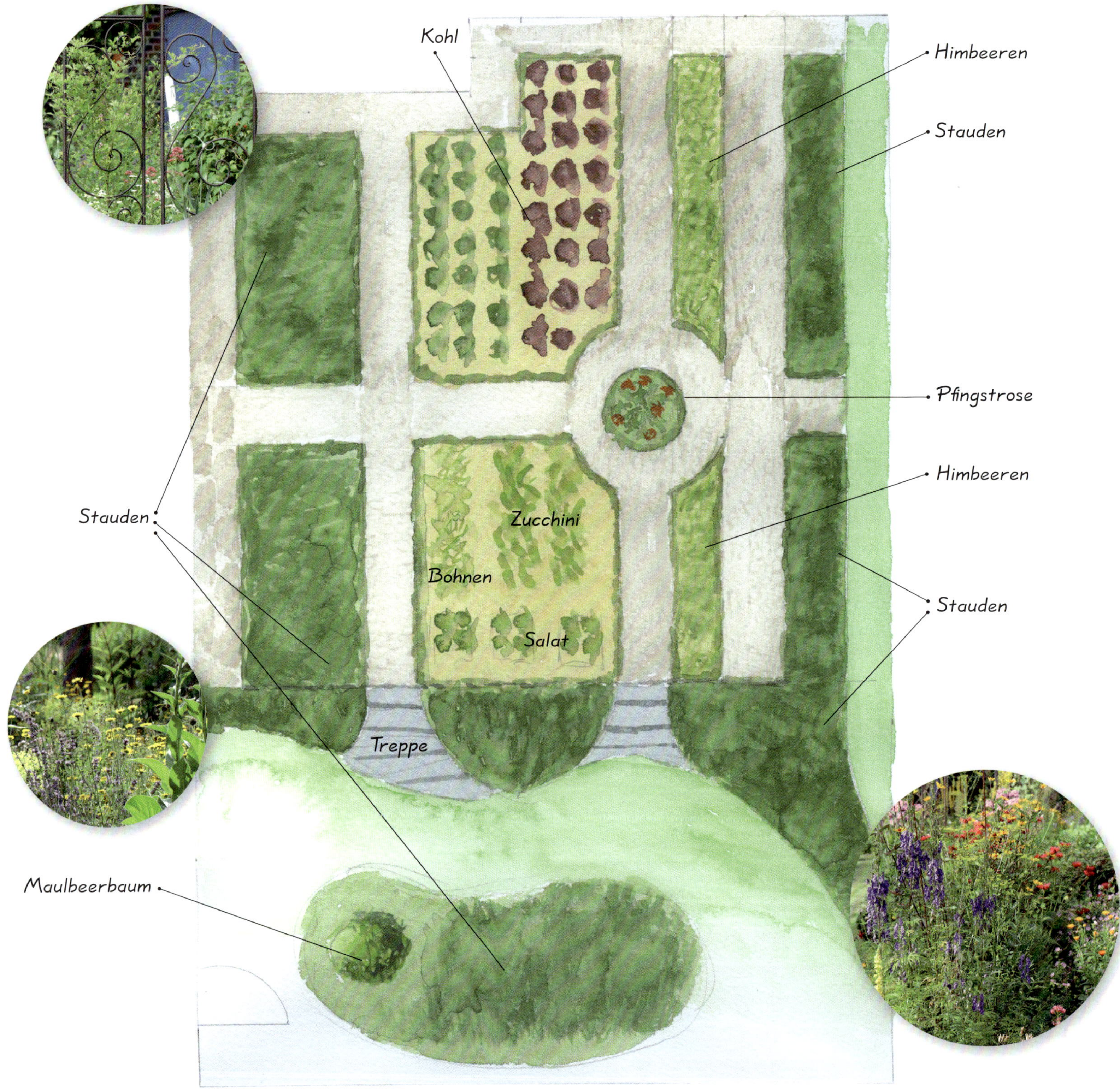
Kohl
Himbeeren
Stauden
Pfingstrose
Himbeeren
Stauden
Zucchini
Bohnen
Salat
Stauden
Treppe
Maulbeerbaum

Fast wie im alten Kloster

Lorenzhaus, Radevormwald

Es ist schon nah am Klischee der Idylle, wenn mitten in Feldern und Wiesen ein großer, gepflegter Bauerngarten vor einem viele hundert Jahre alten Fachwerkhaus angelegt ist. Das Lorenzhaus in Radevormwald war früher Bauernhof, Gasthof und Pferdewechselstation, später Gästehaus und ist seit dem Jahr 2000 im Privatbesitz. Die historischen Gebäude wurden umfangreich renoviert und der Garten angelegt.

„Es ist natürlich viel Arbeit und war auch nicht allein unser Verdienst, wir hatten viele tatkräftige und sachverständige Helfer", sagt die Besitzerin, „aber es bietet sehr viel Entspannung und Freude. Das Lorenzhaus und sein Garten sind ein Rückzugsort und gleichzeitig eine Stätte der Begegnung, an der auch heute noch viele Leute teilhaben."

Als Vorbild dienten den Besitzern insbesondere die Klostergärten, auch in Erinnerung an die frühere Heimat Bayern. Dementsprechend ist der Garten architektonisch klar gegliedert. Ein Kreuz aus gepflasterten Wegen teilt ihn in vier Beete, in denen Gemüse, Kräuter und Blumen säuberlich getrennt wachsen. Bruchsteinwege und -mauern umsäumen und begrenzen den Garten. Auf dem Rondell im Zentrum des Wegekreuzes hat ein Brunnen eine ebenso klösterlich-traditionelle wie dekorative Heimat gefunden. „Er ist aus

Ostdeutschland", erzählt der Besitzer. „Aus dem späten 18. Jahrhundert und somit nahezu so alt wie das Haus selbst." Den Brunnenkopf ziert eine Artischocke, sein Wasser spuckt er durch vier Fischköpfe.

Die Pracht an Farben und Blüten am Lorenzhaus war in mittelalterlichen Kloster- und Bauerngärten eher die Ausnahme. Doch auch in den frühen Herbularien der Klöster, den Gärten für Heil- und Gewürzkräuter, haben sich bereits ungeniert Blumen gemischt. Damals wuchsen sie weniger wegen ihrer Schönheit als vielmehr als anerkannte Heilpflanzen. Die Rose diente etwa zur Verbesserung übel riechender Arznei und die Hagebutte wurde für medizinische Zwecke verwendet. Heute allerdings dienen die Rosen im Lorenzhaus-Garten der Zierde und der äußerst blütenreichen Umgrenzung gleich hinter den klassischen Buchsbaum-Einfassungen.

Das Gemüse aus ihrem Garten dient der Familie zur Selbstversorgung. „Das Ernten der eigenen Produkte gibt uns jedes Mal ein gutes Gefühl", sagt die Besitzerin. Für die Tochter des Hauses bedeutet der frühe und enge Bezug zur Natur noch mehr. „Nur wenige Kinder lernen heute genau, wo ihr Essen eigentlich herkommt und wie viel Arbeit darin steckt", sagt sie. „Für mich war der Bauerngarten schon immer ein Vorbild dafür, wie ich später leben möchte."

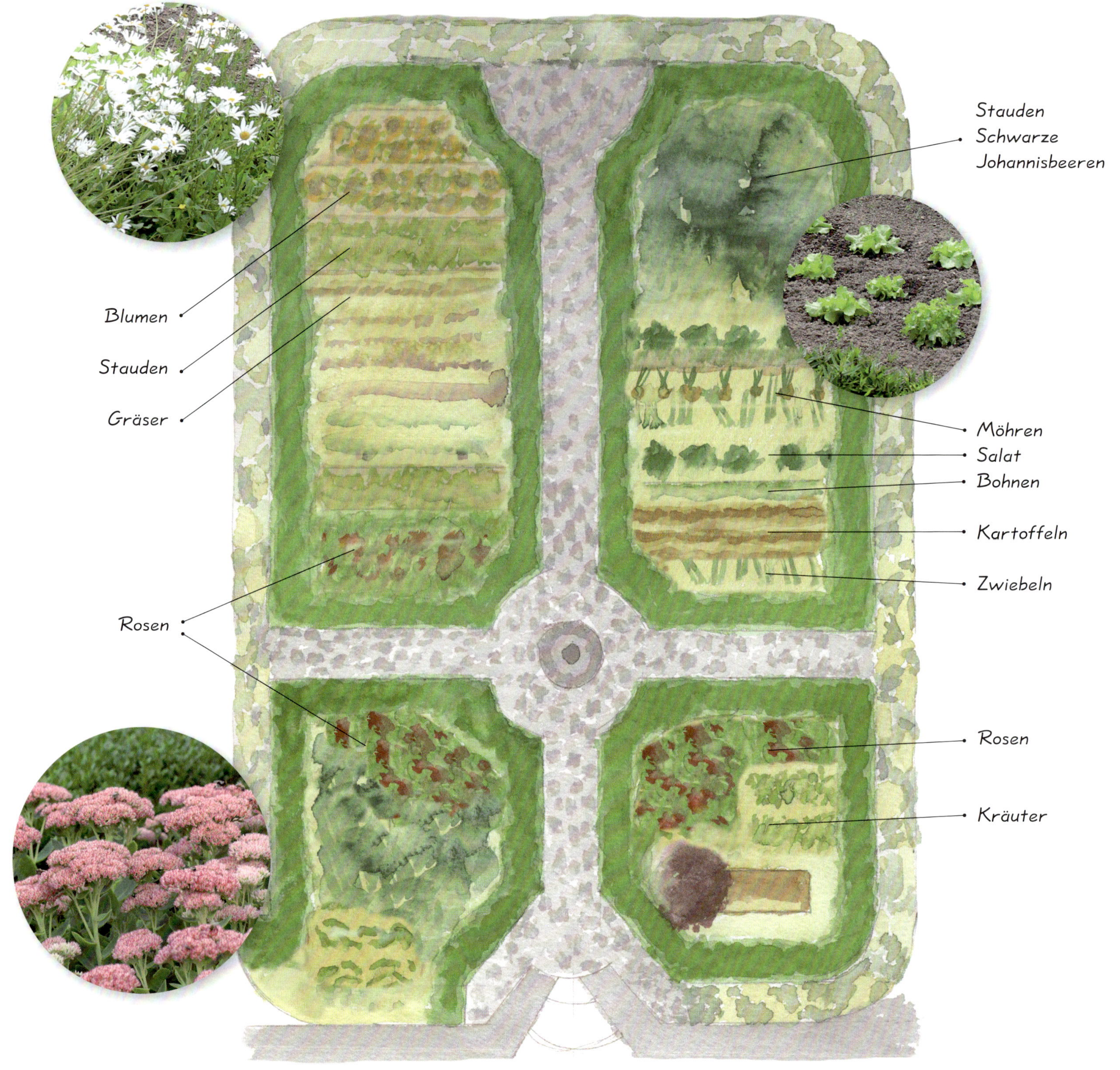
Stauden
Schwarze
Johannisbeeren
Blumen
Stauden
Gräser
Möhren
Salat
Bohnen
Kartoffeln
Zwiebeln
Rosen
Rosen
Kräuter

Das Staunen der Stadtkinder

Gasthof Eierkaal
Sabine Rosenbaum, Remscheid-Dörpholz

Fernab von öffentlichen Verkehrsmitteln liegt in Remscheid-Dörpholz der Gasthof „Eierkaal". Seit 1935 ist er im Umland bekannt für gutbürgerliche Kost auf dem Lande. Inzwischen geht es hier aber längst nicht mehr nur ums Essen, sondern auch darum, Kindern das Landleben näher zu bringen. Mit verschiedenen Stationen von der Forsthütte über Acker und Naturlehrpfad bis hin zu Kuhstall, Eseln, Hasen- und Hühnervilla geht es rund um den Bauernhof um die Verbindung von Mensch, Tier und Natur.

Eine der Stationen, die Kindergruppen erkunden können, ist der Bauerngarten. Er ist in erster Linie ein „Vorzeigegarten". Die meisten Kinder kommen aus der Stadt und die Erfahrung zeigt, dass die Kinder erstaunlich wenig Wissen mitbringen, wie das, was zu Hause auf ihrem Teller liegt, eigentlich entstanden ist. Hier im Garten können sie es sehen, riechen, anfassen und schmecken. „Sie sind sehr aufmerksam und finden es immer interessant", sagt Sabine Rosenbaum, die den Gasthof bewirtschaftet.

Auf einer Schiefertafel im Hof steht der Spruch: „Was der Bauer nicht kennt, das frisst er nicht. Würde der Städter kennen, was er frisst, er würde umgehend Bauer werden." Die wenigsten, die an den Führungen teilnehmen, werden zwar gleich selbst Bauer, aber neben den Kindern nehmen auch die erwachsenen Gäste bei einem Besuch im Garten immer ein Stück neues Bewusstsein für den Wert von Nahrungsmitteln mit nach Hause.

Gepflegt wird der Garten von mehreren Personen, auch von Landwirt Dieter Görden, der von allen meist „Opa Eierkaal" genannt wird. Eine klare Wegeführung gibt es nicht. Schließlich soll hier nicht nur der Gärtner mit seinem Werkzeug Platz haben, sondern gleich eine ganze Besuchergruppe, die möglichst gleichzeitig einen Blick auf Kohl, Tomaten oder Kürbisse werfen will. Neben Gemüse und Kräutern bekommen auch die für einen Bauerngarten typischen Blumen Platz eingeräumt - wie etwa Kapuzinerkresse und Ringelblume, die am Rande des Gartens mit ihrer üppige Blüte prahlen dürfen. Einen großen „Oha-Effekt" haben Jahr für Jahr die Sonnenblumen, die mit ihren bis zu drei Metern Wuchshöhe nicht nur die Kinder weit überragen.

Kohl
Tomaten
Wirsing
Kohl
Knoblauch
Salat
Kapuziner-
kresse
Zitronen-
melisse
Zwiebeln
Mais
Zucchini
Kohlrabi
Kürbis
Sonnen-
blumen

Bauerngarten

Ein lebenslanger Begleiter

Rita und Helmut Bladt, Hückeswagen

Als Helmut Bladt 1930 auf die Welt kam, war sein Geburtshaus schon über 100 Jahre alt. „Der Garten war damals schon da – wie lange vorher, weiß ich nicht", sagt der Hückeswagener, „aber wahrscheinlich haben ihn auch schon meine Großmutter und Urgroßmutter gehabt." Auch 85 Jahre später hat der Garten, der ein Stück entfernt vom Haus liegt, seine ursprüngliche Form behalten. Schlicht, gepflegt und ohne dass Unkraut eine Chance hätte sich festzusetzen. Dass der Garten so lange „durchgehalten" hat, liege vielleicht an der Hecke, glaubt Bladt. Sie habe ihn vor dem rauen Wind des Bergischen einfach gut geschützt.

In akkuraten Reihen wachsen Kartoffeln und Salat, Zwiebeln und Schnittlauch, Möhren und Radieschen, wie sie es dort vermutlich seit 200 Jahren tun. Mehrere Stunden in der Woche verbringen Rita und Helmut Bladt mit der Arbeit in ihrem Garten – gemeinsam. „Natürlich, das muss doch so sein", sagt Helmut Bladt. Wenn die Arbeit zu viel wird, hilft die Tochter mit, die ebenfalls im Dorf wohnt.

Helmut Bladt ist mit dem Garten aufgewachsen. Das Gemüse hat die Familie mit sechs Kindern jahrzehntelang ernährt, in guten wie in schlechten Zeiten. Eine Tradition, die das Ehepaar bis heute fortführt. In diesem Garten Blumen zu pflanzen, kam ihnen eigentlich nie in den Sinn. Früher wie heute stand die Selbstversorgung im Mittelpunkt und die Ernte ist Lohn genug für die Mühe. Gemüse aus dem Supermarkt kommt so gut wie nie auf den Tisch. Im Herbst ist die Tiefkühltruhe voll für den Winter, und wenn die letzten Kartoffeln verbraucht sind, steht die neue Ernte schon bevor.

Welche Sorten genau bei ihm wachsen, weiß Helmut Bladt nicht immer genau. Sie wachsen und sie schmecken, das reicht ihm. Und die Himbeeren, von denen weiß er es schon gar nicht. Sie sind uralt, treiben überall neu aus und tragen bis in den Oktober hinein Früchte. Im Herbst bekommt der Nutzgarten das, was er schon immer bekommen hat: Mist. Warum mit alten Traditionen brechen, wenn die Erträge stets gut sind.

Tradition, aber auch zahllose Erinnerungen hängen an dem Garten: die guten und die schlechten Ernten, die gemeinsam verbrachte Zeit, die kleinen Episoden am Rande der Beete, das vorsichtige Ausspähen nach dem Förster, wenn Helmut Bladt früher verbotener Weise im Tannenwald Nadeln harkte, die auf den Wegen zwischen den Beeten das Unkraut fernhalten sollten. Was tut man nicht alles für ein „Familienmitglied", das – dank Hecke – schon Generationen überdauert hat.

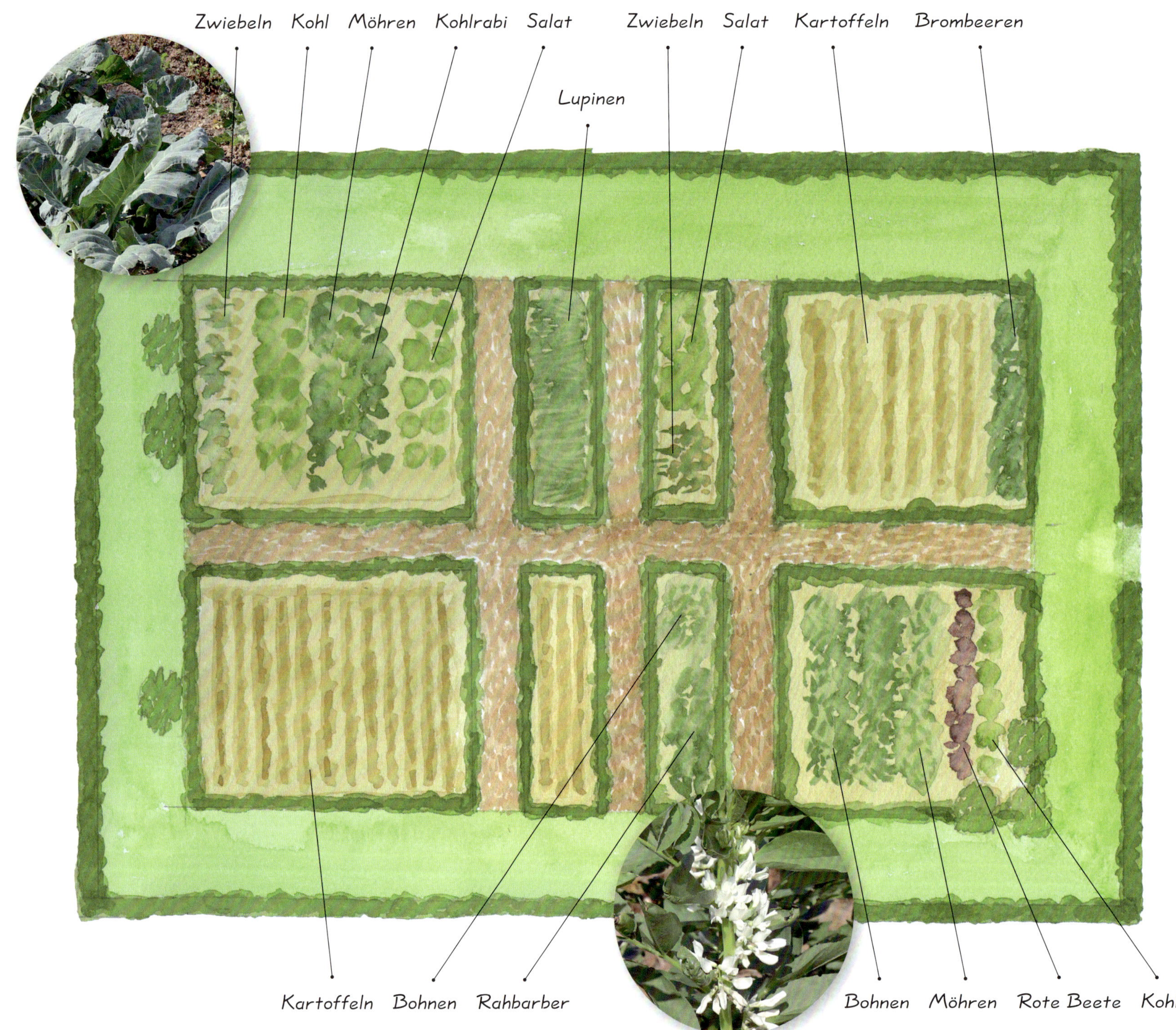

Zwiebeln
Kohl
Möhren
Kohlrabi
Salat
Zwiebeln
Salat
Kartoffeln
Brombeeren
Lupinen
Kartoffeln
Bohnen
Rahbarber
Bohnen
Möhren
Rote Beete
Kohl

Das bergische Bullerbü

Brigitte Henninghaus, Wermelskirchen-Oberhagen

Oberhagen in Wermelskirchen liegt fußläufig von der Dhünntalsperre entfernt und besteht aus zwei Straßen und elf Häusern. Mehr Tiere als Menschen leben hier. Brigitte Henninghaus wohnt mit ihrer Familie zur Miete und 2008 trat ihr der Nachbar ein Stückchen von seiner Pferdewiese ab. Ein Garten entstand. „Dann wuchs der so", sagt die Gärtnerin lächelnd. Die Pacht zahlt sie seither mit Salatköpfen und Blumensträußen.

Die Vielfalt im Garten beschränkt sich nicht auf bergische „Ureinwohner" unter den Pflanzen. Hoch hinaus rankt der Hopfen, aus dem zwar kein Bier entsteht, aber eine Hopfendolde das Kölsch-Fässchen verziert, wenn gefeiert wird. Mit Melisse, Pfefferminz und Kamille wird aus dem Hopfen aber auch ein beruhigender Tee für den Abend. Brigitte Henninghaus pflanzt Spargel und Artischocken, stellt Likör aus Zitronenverbene und Antipasti aus dicken Bohnen her. „Immer das gleiche, das ist im Leben ja auch langweilig", sagt sie.

Was wuchs, waren jedoch nicht nur Pflanzen aller Sorten. Es wuchs ein Gemeinschaftsgefühl im Dorf und der Garten wurde zum Treffpunkt. Zuerst für die Tiere. Von der Nachbarin kamen ein paar Hühner, die seither unbehelligt ihr Rentnerdasein genießen und ihren Lebensraum mit Kaninchen und drei Laufenten teilen. Ein wilder Fasan ist gut „integrierter" Dorfbewohner, beschafft sich im Garten seine Nahrung und brütet beim Nachbarn.

Und es kamen die Menschen in den Garten. Die Nachbarn fühlten sich wohl, ein ausländischer Gast befand, dieser müsse „das Paradies" sein. Nachbarn und Freunde plaudern am Essplatz, an der Feuerstelle oder in der „Feierhütte", die aus dem einstigen Kaninchenstall entstand. Eine Flasche Sekt hängt stets gut gekühlt im Wasserfass. Das Gärfass mit dem selbstgemachten Sauerkraut darf dafür im kühlen Keller der Nachbarin lagern. All dies gehört für Brigitte Henninghaus zusammen, bildet eine Einheit. „Mein Garten ist meine Liebeserklärung an das Leben", sagt sie.

Ihre Schwägerin nennt den Garten frei nach Astrid Lindgren „kleines Bullerbü". Und weil die Gärtnerin Astrid Lindgren mag, hat sie auch den Limonadenbaum von Pippi Langstrumpf in ihrem Garten „angebaut". In seinem ausgehöhlten Stamm wartet immer eine Flasche Limo auf die vorbeikommenden Kinder.

„Hier im Dorf sitzen alle an einem Tisch", sagt Brigitte Henninghaus. Oberhagen hat eine Alten-WG, eine Tagesmutter und von den Kindern, die hier aufwuchsen, kommen gerade einige zurück, um hier ebenfalls ihre Kinder aufwachsen zu sehen. Vielleicht sind ja bergische Bullerbü-Bauerngärten ein noch nicht ausgeschöpftes Konzept für den Demographiewandel.

Bohnen
Kohl
Mais
Stauden
Tomaten
Hopfen
Erbsen
Kohl
Willkommen

Betreten ausdrücklich erlaubt!

Lambertsmühle, Burscheid

Viele Jahre lang hat Walter Freiwald den Bauerngarten an der Burscheider Lambertsmühle gepflegt. Erst als er auf die 90 zuging, ließ er – immer noch etwas widerstrebend – zu, dass ihn andere unterstützen. 2013 übernahm Ulrike Raupach die Aufgabe, die Arbeit der Gartenhelfer zu koordinieren. Sie schlug vor, den Garten in „Walter-Garten" umzubenennen, aber Walter Freiwald war das zu viel der Ehre. So ist es immer noch einfach der Mühlengarten. Er hat genügend Platz auf dem etwa 7.400 Quadratmeter großen, zum Teil mit Wald bestandenen Grundstück mitten im Wiehbachtal.
Ulrike Raupach plante die Neugestaltung des Gartens zunächst theoretisch auf Papier. Aber so neu wurde er dann gar nicht. Beerensträucher und Rosenbogen wurden kräftig zurückgeschnitten, die Anordnung der Pflanzen unter anderen Aspekten betrachtet. „Die Optik muss stimmen", sagt Ulrike Raupach. „Wenn ich die Bohnenstangen in den Vordergrund pflanze, kann niemand mehr sehen, was dahinter wächst." Ihre ehrenamtlichen Helfer setzen die Planung tatkräftig um.
Gepflanzt wird weiterhin das, was in Bergischen Gärten schon immer gepflanzt wurde. „Nichts Exotisches", sagt die Gärtnerin. Dafür aber Nützliches: Ringelblumen für Salbe, verschiedene Minze-Sorten für Tee und auch die Blumen haben einen Nutzen, denn sie werden frisch aus dem Garten gepflückt, wenn auf dem Anwesen eine der zahlreichen Trauungen stattfindet. „So ein Garten gehört im Bergische Land zu einem solchen Anwesen einfach dazu", sagt Ulrike Raupach.
Erstmalig errichtet wurde die Mühle vermutlich im 12. Jahrhundert. Ihr letzter Besitzer vermachte sie der Stadt Burscheid mit der Vorgabe, auf die Einrichtung eines Heimatmuseums hinzuarbeiten. Ein Förderverein kümmert sich seit 1995 um die Restaurierung. Das Mühlwerk konnte wieder in Betrieb genommen werden, im Stall finden Veranstaltungen statt, es gibt eine Schmiede, einen Schuster und eine Backstube. Dazu kommt ein kleines Heimatmuseum mit Biedermeierstube und Gesindekammer.
„Es ist ein lebendiges Projekt", sagt Ulrike Raupach, für das die gleichen Gesetze gelten wie die der Natur im Garten: Alles braucht seine Zeit zum Wachsen. Lebendig ist es aber durch die Ehrenamtler, die gemeinschaftlich immer neue Ideen in die Gestaltung des Anwesens und des Gartens einbringen und umsetzen. Lebendig und freundlich werden auch die Gäste empfangen. Allen voran Walter Freiwald hat im Mühlengarten mit schlichten fünf Worten bewirkt, dass dieser Garten eine besondere Willkommenskultur hat. Auf einem Schild steht: „Betreten des Gartens ausdrücklich erlaubt."

Walter Freiwald (links) mit Siegfried Fley (rechts)

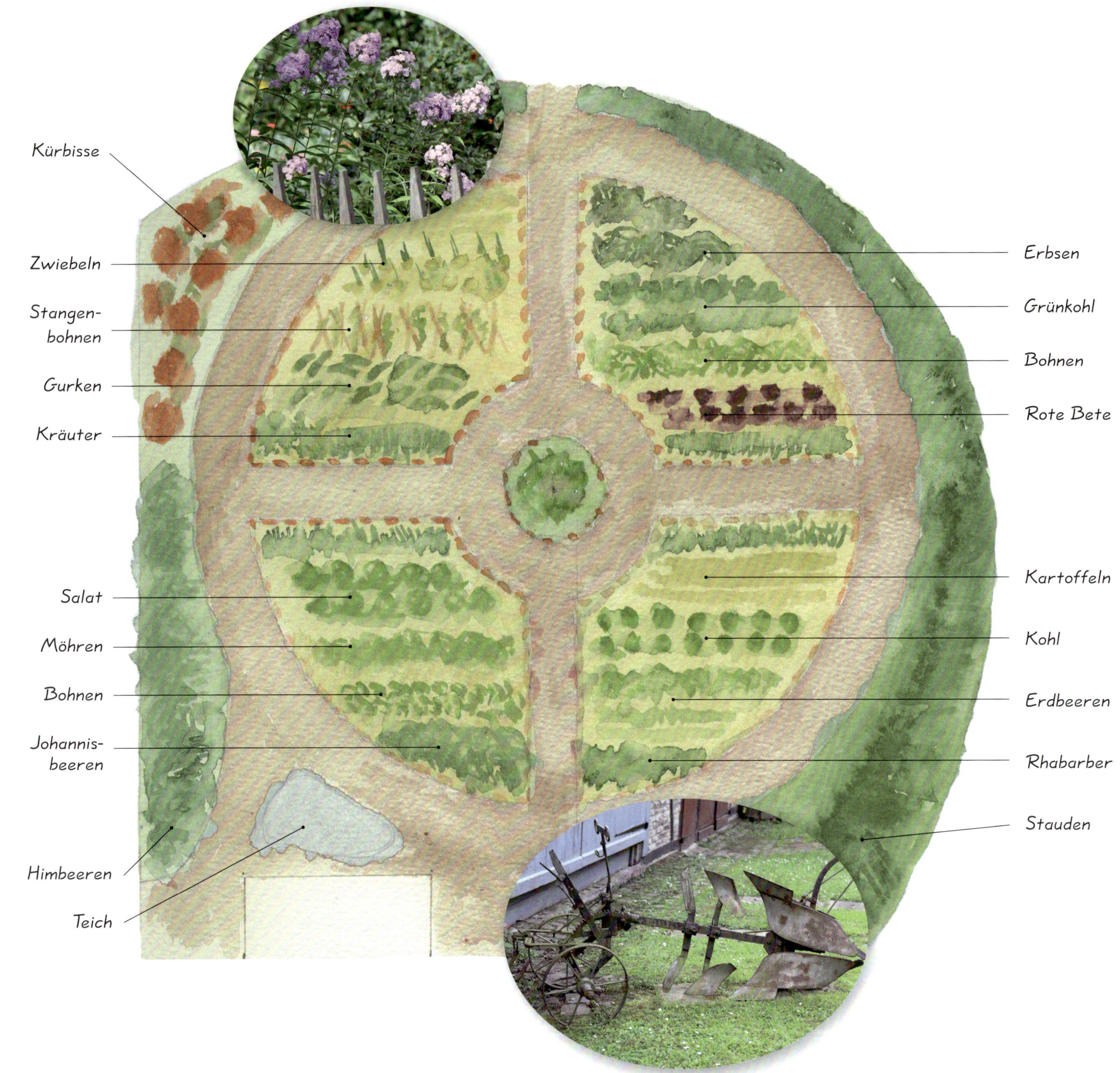
Kürbisse
Zwiebeln
Stangen-
bohnen
Gurken
Kräuter
Salat
Möhren
Bohnen
Johannis-
beeren
Himbeeren
Teich
Erbsen
Grünkohl
Bohnen
Rote Bete
Kartoffeln
Kohl
Erdbeeren
Rhabarber
Stauden

75 Jahre
Burscheider

DEUTZ
OP
H 959

Eberraute am Dekolleté

Museum Haus Dahl, Marienheide-Müllenbach

Es ist das älteste Bauernhaus im Oberbergischen Kreis. 1586 wurd
das heute „Haus Dahl“ genannte Fachwerkgebäude in Marienhei
de erbaut. Als Außenstelle des Museums Schloss Homburg wurd
es 2004 saniert und der Öffentlichkeit zugänglich gemacht. Dab
wurde auch der Bauerngarten am Museum nach altem Vorbild ne
angelegt.

Martina Braun pflegt nicht nur den Garten, sie hat ihn auch i
das museumspädagogische Konzept integriert. „Wenn man etw
direkt zeigen kann, dann ist das ganz anders als wenn man nu
theoretisch darüber erzählt“, sagt sie. So erzählt sie zum Beispi
den Gruppen mitten im Garten, wie wichtig der Bauerngarten fü
die Ernährung in der Nachkriegszeit war, dass in mageren Zeite
Brennnesseln als Spinatersatz gekocht wurden und der „Gute Hein
rich“ schon früh im Jahr ein wichtiger Lieferant für Vitamin C wa
Dass schon vor Jahrtausenden aus den Stängeln der Brennness
Stoff hergestellt wurde, ist Kindern wie Erwachsenen meist neu, un
dass sich die bergischen Damen sonntags ein Sträußchen Eberraut
ans Dekolleté steckten, um den Stallgeruch zu überdecken, füh
meist zu Erheiterung.

Auch der Heilkräutergarten birgt manches längst verschüttete Wis
sen. Wer kennt schon Alant? „Die Wurzel mit einem Alkoholaus
zug und die Samenkörner über Salat oder Müsli gestreut tragen zu
Blutreinigung bei“, erklärt Martina Braun. Und das Schöllkraut, da
sich in den Mauerritzen festkrallt hilft gegen wehe Füße. Aprop
Mauer: Der Garten ist mit einer Bruchsteinmauer umgeben, wa
nicht ganz klassisch, aber sehr regional ist, denn die Steine kom
men aus dem Steinbruch gleich nebenan. Die mit Moos bewachs
ne Trockenmauer ist im Sommer ein Tummelplatz für Eidechsen.

In den Gemüsebeeten des Museumsgartens wächst der dem Wirsing ähnliche Butterkohl, der beinahe schon ganz verschwunden war, nur weil seine Blätter sich nach und nach ernten lassen. Das war früher hilfreich, entsprach aber nicht den Maßgaben einer industrialisierten Ernte, wo alles zur gleichen Zeit reif zu sein hat. Hier wächst er wieder, eng beim Engkohl, der urbergischen Sorte des Grünkohls.

Schließlich wird im Museum auch vermittelt, wie das, was im Garten wächst, verarbeitet und haltbar gemacht wurde. Backen, Entsaften, Einkochen, Dörren – Tätigkeiten, die heute dank Tiefkühltruhen nicht mehr zwingend erforderlich sind. „Es geht uns darum, dieses alte Wissen zu erhalten und zu vermitteln“, sagt Martina Braun. Wer könnte dabei besser helfen als ein Bauerngarten, der sich über Jahrhunderte kaum in Aussehen und Zweck verändert hat. Näher lässt sich Geschichte kaum erleben.

Stauden
Porree
Salat
Kohl
Stauden

Die Bewahrung der Vielfalt

LVR-Freilichtmuseum Lindlar, Archegarten

Im Archegarten des LVR-Freilichtmuseums Lindlar wächst das, was schon in Großmutters und Urgroßmutters Garten wuchs: Da sprießen die buntblühende Zuckererbse, gelbe und grüne Melde, eine 100-jährige Rhabarbersorte oder auch die Perdsrose, deren Blüten früher an Fronleichnamsprozessionen farbige Teppiche schufen. Nostalgie? Nein, mit Nostalgie hat das Werk der Bergischen Gartenarche nichts zu tun.

Einst reichten Nachbarn ihre Ableger und Samen über die Zäune hinweg von Garten zu Garten. Heute gibt es Saatgut in bunten Tütchen überall zu kaufen. In den Supermärkten liegen Obst und Gemüse aus Hybridsaatgut, die die ursprüngliche Vielfalt auf wenige Einheitssorten reduzieren und die Zucht von Saatgut liegt in der

Händen einiger weniger Großkonzerne. Die Erhaltung alter Sorten ist weder im Gesetz vorgesehen noch ist der Handel mit ihnen erlaubt. Um sie dennoch zu erhalten, muss der alte Vertriebsweg übern Gartenzaun wieder her.

Noch vor 40 Jahren waren die lokalen Gartenschätze im Bergischen weit verbreitet. Doch die Gärten schwanden und mit ihnen die alten Sorten. Die Bergische Gartenarche, ein Arbeitskreis des NABU Oberberg, hat sich der Aufgabe verschrieben, die alten Pflanzen wieder aufzuspüren und zu bewahren. Von den 260 von der Arche gefundenen alten Sorten wachsen im Lindlarer Garten 120. Ein gutes Dutzend Frauen der Gartenarche trifft sich alle zwei bis drei Wochen, sät, pflanzt, beobachtet, vergleicht, kategorisiert und verschenkt.

Es geht ihnen darum, Lust auf die Vielfalt zu machen, Lust auf Farbe, Lust auf Geschmack, Lust auf Verantwortung. Es geht ihnen auch um Information und dass es eben nicht nostalgisch, sondern sinnvoll ist, die Artenvielfalt zu erhalten. Gemüse- und Zierpflanzen, die über Generationen in einer Gegend angebaut wurden, passen sich Klima und Boden an. So haben auch die „Bergischen Sorten" ihr eigenes Erbgut entwickelt. Sie kommen klar mit dem rauen und nassen Klima der Region und sind weniger anfällig gegen Schädlinge und Krankheiten.

Einen erhobenen Zeigefinger braucht das Konzept der Gartenarche nicht. Wer sieht, wie üppig der Rhabarber wächst, wer probieren kann, wie Obst und Gemüse abseits von Supermarktregalen schmecken, der braucht keine Belehrung. Und wenn dann noch der intensive, unvergleichliche Duft der kleinen weißen Polsternelken, die früher in fast jedem Garten wuchsen, in die Nasen steigt, dann macht so mancher im wahrsten Sinne des Wortes einen Kniefall vor der alten Sorte.

Stauden
Kräuter
Erbsen
Strauchbohnen
Kohl
Sonnenblumen
Stauden
Stauden

Der Nutzen des Bauerngartens

LVR-Freilichtmuseum Lindlar, Bauerngarten

Außerhalb der bewohnten Siedlungen und zwischen den bewirtschafteten Feldern gab es Anfang des 19. Jahrhunderts im Bergischen Land große Gärten, die „Bleche" genannt wurden. Sie dienten vorzugsweise zum Anbau von Gemüse (vor allem Kohl und Bohnen) für den Winter. Diese „Bleche" waren im Vergleich mit den liebevoll gestalteten Hausgärten schmucklos und zweckmäßig. Das Freilichtmuseum Lindlar hat die Steinscheider Gärten als Beispiel für die „Bleche" am ursprünglichen Standort wieder angelegt. Durch Patenschaften wird die Erhaltung und Pflege dieser Gärten gewährleistet.

Gemüse für den Winter war in einer Zeit, die noch keine Kühlschränke kannte, lebenswichtig für die Selbstversorgung. Wichtige Wintergemüse waren: Kohl- und Bohnenarten, Lauch, Möhren, Steckrüben und Rote Bete, die über Einsalzen, Kellerlagerung oder Trocknen einige Monate haltbar gemacht wurden. Zahlreiche Gemüsesorten die vor etwa 100 Jahren angebaut wurden, sind heute den meisten unbekannt: z.B. Rübstiel und Gartenmelde. Aber auch bekannte Gemüse wurden angebaut: Schnittlauch, Petersilie, Bohnenkraut und Dill. Als Heilpflanzen dienten Wermut und Pfefferminze.

Genug da zum Teilen

Katharina und Werner Hagen, Lindlar

Es war 1945, als aus dem Misthaufen vom Kuhstall ein Gemüsegarten wurde. „Das musste man ja, damit man versorgt war“, sagt Katharina Hagen lapidar für den Zustand von Elend, Lebensmittelknappheit und Not kurz nach dem Krieg. Zehn Personen ernährte der Garten früher – und nicht nur sie. Regelmäßig klopften Städter an den Türen des Bauernhofs direkt neben der Ruine von Schloss Eibach und baten um etwas zu essen. Abgewiesen wurden sie nie. „Meine Mutter hatte immer etwas fertig, um es ihnen mitzugeben“, erinnert sich Katharina Hagen, die damals neun Jahre alt war. Sie hätten ein „offenes Haus“ gehabt. Jeder im Umfeld wusste, dass der Schlüssel auf der Haustür liegt.

Der Garten hat sich seither kaum verändert. Ein wenig kleiner ist er geworden, da er heute nur noch fünf Personen zu ernähren braucht. Offen ist er immer noch. Nachbarn, aber auch Schulklassen und Kindergärten kommen vorbei, nicht weil die Kinder Hunger hätten, sondern weil sie nicht mehr wissen, wo Porree und Möhren herkommen. Für das Verteilen von Lebensmitteln an Bedürftige setzt sich Katharina Hagen mit ihrem ehrenamtlichen Engagement bei der Tafel aber immer noch ein.

Einst wollte Werner Hagen den Garten durch Rasen ersetzen, weil er es nicht mehr sehen konnte, wie sein Vater sich „abquälte“ beim Umgraben. Jahrzehnte später gräbt auch er immer noch selbst um und von Rasen ist nie mehr die Rede gewesen. „Jetzt quälen wir uns ab und wir tun es gerne“, sagt Katharina Hagen lachend. Finanziell könnten sie auch alles im Supermarkt kaufen, sagt sie. Das wäre bequemer. „Aber das ist nicht das, was wir im Garten haben. Frische kann man so nicht kaufen.“

Das ganze Jahr über liefert der Garten genug Frisches für den Tisch – inklusive der Blumen für die Vase. Spät im Jahr gibt es noch Feldsalat, und Porree wachse fast das ganze Jahr durch. Bohnen, Erbsen und Möhren kommen in die Tiefkühltruhe und Kohl ins Sauerkrautfass. Nur Rosenkohl, Spargel und Schwarzwurzel kommen nach Erfahrung der Gärtnerin mit dem Bergischen Klima und Boden nicht gut klar.

Die Selbstversorgung bei Familie Hagen geht über Gemüse weit hinaus. 25 Kühe, dazu Hühner, Gänse, Enten und Schweine halten sie. Eier und Milch kommen frisch aus den Ställen und Schlachttiere werden zum örtlichen Metzger gebracht und ein Teil des Fleisches wieder mit nach Hause genommen. Mit all dem ist die Selbstversorgung zu einem Kreislauf geworden. Die Tiere fressen von Acker und Garten, der Dung kommt wieder in den Garten zurück. „Was wir dort haben ist schon beinahe wie Blumenerde“, sagt Katharina Hagen.

Erdbeeren
Gemüse
Salat
Zwiebeln
Möhren
Erbsen
Porree
Erbsen
Möhren
Kürbisse
Weißkohl
Rotkohl
Stangenbohnen

Ein Garten für die Seele

Marianne und Helmut Frielingsdorf, Lindlar

Wollten sich irgendwo Elfen, Feen und Zauberer treffen, sie täten es mitten in Lindlar – und zwar vorzugsweise im Juni. Dann nämlich wuchern die blühenden Rosen, werden die Wege eng, gibt es kleine Verstecke in jeder Ecke des Gartens von Marianne und Helmut Frielingsdorf. Doch so natürlich und verwunschen der Garten für den Betrachter wirken mag, so viel System steckt dahinter.

„Sammelgarten“ nennt ihn die Gärtnerin, und sie hat viel gesammelt. Wenn alles wächst, wie es soll, versammeln sich bis zu 600 verschiedene Pflanzen innerhalb und außerhalb des Staketenzauns, der den eigentlichen Bauerngarten begrenzt. Früher einmal hatte Helmut Frielingsdorfs Mutter dort aus einer Wildnis eine Rasenfläche gemacht. 1980 begann Marianne Frielingsdorf aus der Rasenfläche wieder eine Wildnis zu machen, allerdings eine geplante.

Zu jeder Pflanze kann sie etwas erzählen und oft tut sie es auch - bei Führungen, für Schüler, Arbeitsgruppen, Nachbarn. Saatgut hängt in Kissenbezügen am Haus, Bohnen sind an langen Fäden aufgereiht, hier wird vermehrt und gerne verschenkt. Häufig gehen die Gäste mit einem Ableger einer seltenen Pflanze oder ein paar Samenkörnern nach Hause, immer aber gehen sie entspannt und inspiriert. Einer von ihnen schrieb einst in das Gartengästebuch: „Sie sind Schuld, dass mein Garten jetzt ganz anders aussieht.“

Im Mittelpunkt des Gartens, dort, wo den ganzen Tag die Sonne hinkommt, steht eine kreisrunde Bank. Um sie herum breiten sich, mit Buchsbaum und Wegen begrenzt, Kräuter-, Gemüse, und Staudenbeete aus - erst in geviertelter Rundung, dann als Rechteck. Weitere Sitzgelegenheiten stehen überall verstreut, erlauben wechselnde Blickwinkel. Ein Bachlauf plätschert, Vögel zwitschern, Bienen summen.

Es ist ein Garten zum Innehalten, zum Schauen, Hören und Riechen, ein Garten zum Essen, ein Garten zum Leben. Eine Außenküche und sogar ein Bett für den Mittagsschlaf lassen ihn zum sommerlichen Wohnzimmer werden. Nicht zuletzt ist es ein Garten zum Anfassen und Gestalten. Mal fertigt die Gärtnerin aus der Weide einen Korb, mal schnitzt sie einen Löffel aus dem Holz eines Baumes, mal erhält ein Tuch seinen Rot- oder Gelbton von einer Färberpflanze. Alles, was hier wächst, wird auch verwendet – ein Nutzgarten in höchster Form. Und doch ist sein höchster Nutzen ein ganz persönlicher. „Man schöpft daraus Kraft", sagt Marianne Frielingsdorf. „Es ist ein Garten für die Seele." Und das sogar ganz ohne Feen und Zauberer.

Kürbis
Bohnen
Kartoffeln
Kresse
Kohl
Kräuter
Melde
Bohnen
Wehrmut

Ein jegliches hat seine Zeit

LVR-Industriemuseum
Papiermühle Alte Dombach, Bergisch Gladbach

Ein Bauerngarten heißt Bauerngarten, weil er dem Bauern – oder der Bäuerin – gehört. Doch die Bezeichnung ist nicht ganz richtig, denn ein Bauerngarten ist in erster Linie ein Nutzgarten, und vom Nutzen waren früher nicht nur Bauern abhängig, um sich ernähren oder zumindest ihren Speiseplan erweitern zu können. Auch Handwerker und Gewerbetreibende besaßen Gärten und Fabrikanten stellten teilweise ihren Arbeitern Land zur Bewirtschaftung zur Verfügung. So auch an der Papiermühle Alte Dombach, wo die Arbeiter der Mühle viele Jahre pflanzten und ernteten.
Als die Gärten nicht mehr gebraucht wurden, verwilderten sie. Bis Christoph Kuth dem Garten quasi „zugelaufen" ist. Bei einem Spaziergang mit seiner Frau sah er ein Schild, auf dem Bürger gesucht wurden, die sich um den Garten kümmern – als Ehrenamt mit der Ernte als Lohn. Christoph Kuth schlug zu, und zwar erst in die Verantwortung und dann mit der Sense in das meterhohe Unkraut. Den alten Apfelbaum, Johannis- und Brombeersträucher ließ er stehen. Sie tragen auch zehn Jahre später noch Früchte.
„Uns hat das von Anfang an begeistert", sagt der Familienvater. „Nicht wegen der Selbstversorgung. Einfach um zu sehen wie alles wächst." Die Kinder waren noch klein, die Tochter bekam ihr eigenes Erdbeerfeld, beim Ernten wurde genascht. Die Familie versuchte ihr Glück mit Salat, Kohlrabi und Radieschen, es kamen Mirabellensträucher und Heidelbeeren dazu, auch Kirschen und Pflaumen. „Die hatten mehr Erfolg als das, wo Schnecken und Mäuse dran kamen", sagt Christoph Kuth. Nicht immer habe alles funktioniert, aber darum sei es auch nicht wirklich gegangen. Der Spaß am Wachsen, am Ernten und am Verarbeiten von Obst und Beeren zu Marmelade und Säften war Gartenglück genug.

)ie ehemaligen Arbeitergärten sind heute in nur zwei Hälften ge-
eilt. Auf der anderen Seite hat Jochen Zieriacks seit einigen Jahren
)rdnung und Wachstum geschaffen. Beide Gärtner genießen die
inzigartige Lage im Tal neben der alten Papiermühle, die restauriert
um Museum geworden ist. „Das ist sehr viel schöner als ein Schre-
ergarten an der Straße oder Bahnlinie", sagt Christoph Kuth.

Für ihn hatte der Garten immer noch einen ganz persönlichen Aspekt. Für den Manager war er ein ausgleichendes Gegenstück. „Ich habe es genossen, mit den Händen zu arbeiten und nicht nur mit dem Kopf", sagt er. Nun sind die Kinder groß und er selbst beruflich viel unterwegs. Den Garten wird er an eine junge Familie abgeben. „Damit sie das gleiche wie wir nochmal erleben können", sagt er.

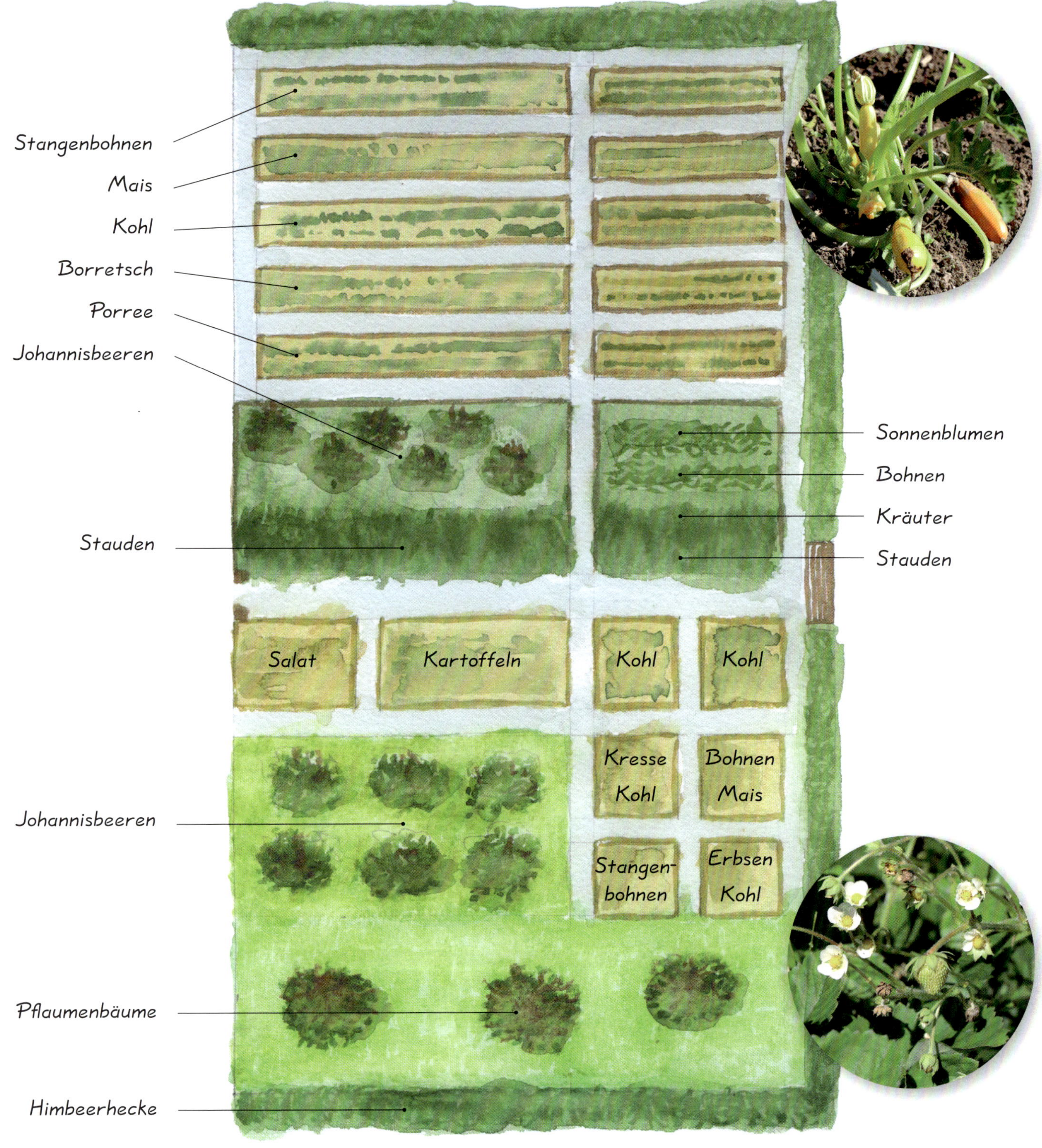
Stangenbohnen
Mais
Kohl
Borretsch
Porree
Johannisbeeren
Sonnenblumen
Bohnen
Kräuter
Stauden
Stauden
Salat
Kartoffeln
Kohl
Kohl
Kresse
Kohl
Bohnen
Mais
Stangen-
bohnen
Erbsen
Kohl
Johannisbeeren
Pflaumenbäume
Himbeerhecke

So gut wie eine Therapie

Helga Wirz, Reichshof-Freckhausen

Als Helga Wirz im Jahr 2000 das Haus ihrer Tante erbte, erbte sie deren 100-jährigen Garten gleich mit. Er war – und ist – der einzige noch bewirtschaftete Bauerngarten im Dorf Freckhausen, das nicht viel mehr als 100 Einwohner zählt. „Ich wollte ihn unbedingt erhalten“, sagt Helga Wirz. „Das ist ein Teil Kultur. Ich habe mich verantwortlich gefühlt, auch gegenüber meiner Tante.“

Hinter der Weißdornhecke aus dem Jahr 1900 hat sie die Symbiose von Nutz- und Zierpflanzen in den immer schon bestehenden vier Quadraten mit dem riesigen Buchsbaum in der Mitte übernommen und mit der Natur ein stillschweigendes Agreement getroffen: Sie selbst macht nicht zu viele Vorgaben, die Natur zeigt dafür, was in ihr steckt. Sie schlossen eine Art Lebensgemeinschaft, in der sich beide wechselseitig beeinflussen, in der keiner siegt, aber beide gewinnen.

Helga Wirz schenkt dem Garten Zeit und Pflege. Er schenkt ihr dafür seine Ernte und ständig neue Einblicke in die Macht und Schönheit der Natur – jedes Jahr, zu jeder Jahreszeit, zu jeder Tageszeit, bei jedem Wetter und jedem Licht ein anderes Bild. Wie eine Therapie sei das. Man werde kreativ und man fühle sich frei, sagt die Gärtnerin. Gewisse Freiheiten lässt sie auch ihrem Garten.

Der Dill siedelt sich an, wo er will. Mohn- und Ringelblumen tun es ihm gleich, Primeln dürfen ihren Weg in die Weißdornhecke finden. Im Frühjahr explodiert die Wiese um den alten Kirschbaum und wandelt sich in einen dichten Teppich aus Schneeglöckchen und Märzbechern, während gegenüber ein Meer wilder Osterglocken und eine uralte Narzissensorte ihren Duft verströmen. Helga Wirz gibt ihnen Zeit, ihr Eigenleben zu entfalten. Erst im Sommer mäht sie die Wiesen.

Einen Teil der Beeren lässt sie für die Vögel, Schnecken sammelt sie ab, und wenn die Wühlmäuse sich über die dicken Kartoffeln hergemacht haben – na, dann ist das halt so. Es bleibt immer noch genug und irgendwann werden sie wieder abziehen. Einheit geht hier vor Egoismus. Respekt und Wertschätzung spielen ebenso eine Rolle wie das Bewusstsein, dass ein kleines in die Erde geworfenes Körnchen nur durch Erde, Sonne und Wasser Gestalt annimmt, Duft und Geschmack entwickelt und geerntet werden kann. „Man begleitet das Werden, und das ist wie ein Geschenk“, sagt Helga Wirz. Manchmal will sie nur mal eben kurz etwas im Garten machen und dann, sagt sie, “dann vergisst man sich.“ Ihre Tante hat alles richtig gemacht, als sie Haus und Garten in die Hände ihrer Nichte legte.

schwarze
Johannisbeeren
Stangenbohnen
Mangold
Rote Bete
Kräuter
Kräuter
Kartoffeln
Zucchini
Rhabarber
Erdbeeren
Kräuter
Kräuter
Kartoffeln

Ästhetik gärtnert mit

Hof Tüschenbonnen

Ute Brehm und Michael Schröter, Much-Tüschenbonnen

Wenn das bereits etwas abgegriffene Wort „Idylle“ irgendwo passt dann zu Tüschenbonnen, zwischen dessen paar Häusern sich de Besucher unvermittelt in einer kleinen heilen Welt angekomme fühlt. Doch auch in einer kleinen heilen Welt geht nichts ohne Visionen, Ideen und Tatkraft. 1995 erwarben Ute Brehm und Michae Schröter das denkmalgeschützte Anwesen, das damals bereits 20 Jahre alt war, und schufen mit Köpfchen und Handanlegen ei kleines Paradies.

6000 Quadratmeter hat das Grundstück, so dass sich die 120 de Küchengartens beinahe bescheiden ausmachen. „Er gehört abe

ınbedingt dazu und er ist ein Teil des großen Ganzen", sagt Michael Schröter. Alles, was frisch gut schmeckt, wächst hier und wird n der Küche verwendet. Dabei darf es ruhig auch etwas weniger oflegeintensiv zugehen. Nach dem ersten Schwung Gemüse im rühjahr kommen mehr Blumen dazu und statt Buchs begrenzen Bretter die in klassischer Form angelegten Beete. „Die sind pilzresisent", sagt Schröter schmunzelnd, der den Küchengarten im Gegenatz zur Historie, in der er eher das Revier der Bauersfrau war, heute ıls häufig männlich besetztes Gebiet ansieht. „Vielleicht, weil es nier um Ertrag geht", vermutet er.

Den großen Landschaftsgarten, der früher eine Kuhwiese war, haben die beiden „ohne Masterplan" entwickelt. Er wuchs mit der Zeit - im wahrsten Sinne des Wortes. Doch er wuchs angeleitet. „Wir ind da mehr die Ästheten", sagt Michael Schröter. Die Dahlien verden daher nicht etwa wahllos in die Erde gesetzt, sondern nach arben und Sorten sortiert. „Wenn Sie rechts und links des Weges lie gleichen Farben haben, ist das mehr ein Hingucker als wenn Sie s bunt machen", erklärt er.

Überhaupt spielen Ästhetik und Kunst im Leben von Ute Brehm ınd Michael Schröter eine entscheidende Rolle. Den angrenzenlen Kuhstall mit Heuboden bauten sie zum Atelier aus, in dem im rühsommer Kunstausstellungen stattfinden. Die drei Ferienwohnungen sind schnell ausgebucht und die Gäste schätzen den Garen mit seinen vielen Ecken und Ruhegelegenheiten. Die „Offene Gartenpforte" ist jedes Jahr ein besonderes Ereignis. Nicht nur wegen der zahlreichen Besucher, die durch das Anwesen schlendern, ondern vor allem weil Brehm und Schröter die Veranstaltung 2003 ns Leben riefen und sie bis heute gemeinsam mit der Gemeinde Much und der Naturarena Bergisches Land organisieren.

Fertig wird der Garten wohl nie so wirklich. Immer wieder ergeben sich neue Ideen, aber auch neues Wissen, das umgesetzt werden könnte. Michael Schröter nimmt es gelassen und sagt: „Man wird nicht alt genug, um alles zu verstehen."

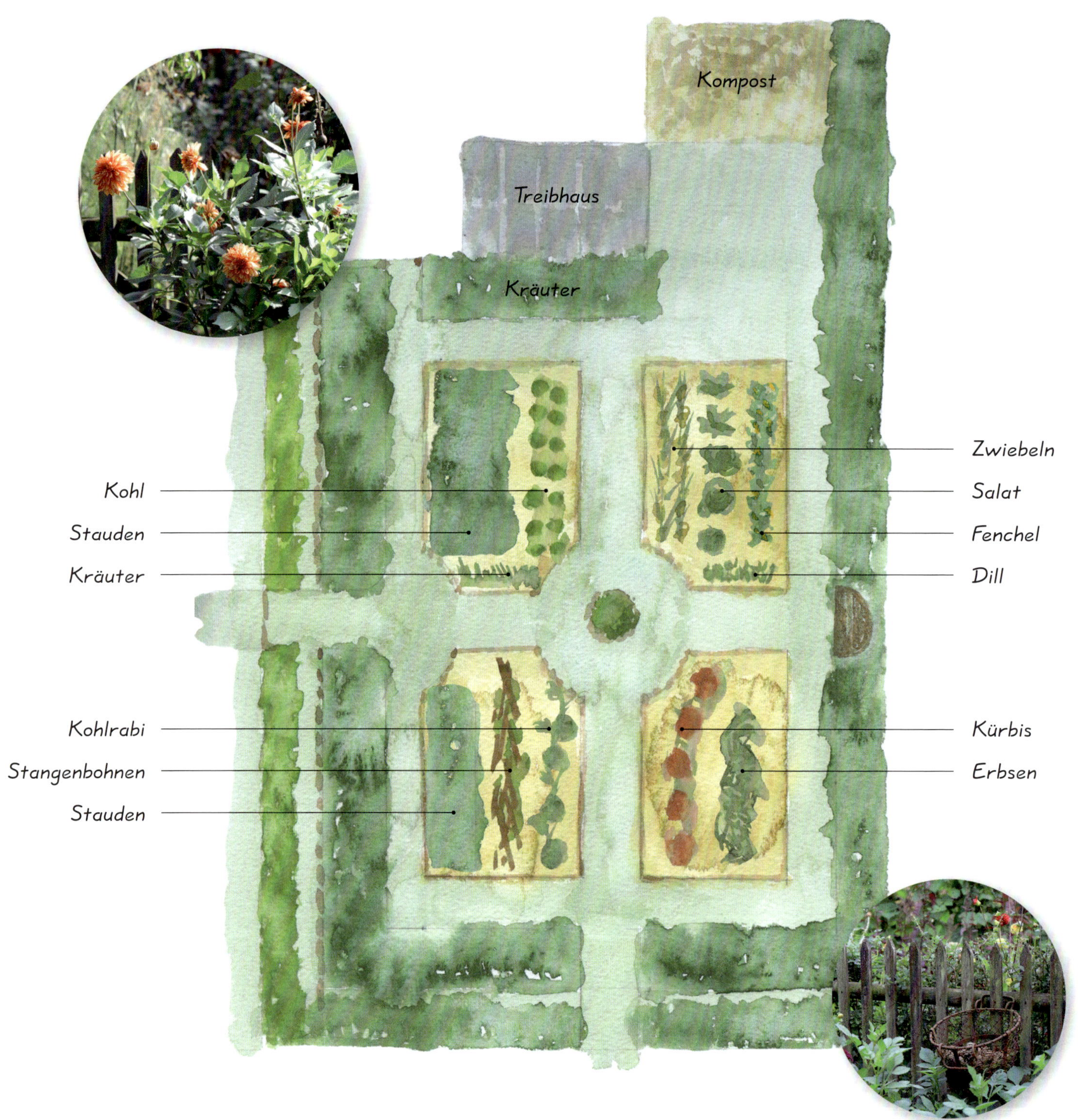
Kompost
Treibhaus
Kräuter
Kohl
Stauden
Kräuter
Zwiebeln
Salat
Fenchel
Dill
Kohlrabi
Stangenbohnen
Stauden
Kürbis
Erbsen

PRIVAT

Vergissmeinnicht im Honig

Marianne und Bertram Kehres, Much-Növerhof

Als Marianne Kehres und ihr Mann Bertram 1992 das Grundstück im kleinen Dörfchen Növerhof kauften, wuchsen dort Kiefern und Erika. „Es sah aus wie in der Lüneburger Heide", sagt Marianne Kehres – und das war nicht das, was sie sehen wollte. „Ein Garten muss so gestaltet sein, dass er in die Landschaft passt und einen fließenden Übergang zur Natur bildet", sagt sie. Das war ihr erstes Ziel. Ein weiteres lautete: „Fertig ist mein Garten, wenn Vögel und Insekten in Vielfalt da sind und sich wohlfühlen."

Beide Ziele sind erreicht. In bergischer Vielfalt wachsen Gemüse und Blumen, Hummeln und Solitärbienen sind Stammgäste und sogar ein Bläuling, ein als gefährdet eingestufter Tagfalter, hat sich zuletzt im Garten niedergelassen. Der Weg dorthin war zielstrebig. Tiere, Pflanzen, Mensch – für Marianne Kehres ist das alles eine Einheit, in der niemand über dem anderen steht. Ihre Pflanzen sollen nicht nur die Menschen, sondern explizit auch die Tiere ernähren. Vögel dürfen sich an den Beeren bedienen, Lauch darf auch mal blühen und das Heilkraut Herzgespann nicht fehlen, obwohl sie selbst es gar nicht nutzt. „Die Insekten sind wie wild drauf", sagt sie.

Inzwischen hat Marianne Kehres die Insektenzahl im Dorf immens erhöht. Aus der fixen Idee, Bienen zu züchten, ist, wie sie sagt, eine „Bienensucht" geworden. 23 Wirtschaftsvölker hat sie, 14 davon stehen in ihrem Garten, der ihnen trotz seiner Vielfalt nur einen Bruchteil der Nahrung bieten kann, die sie brauchen. Jedes Jahr erntet die Imkerin eine Tonne Honig, wenn die Witterung mitspielt. Da Marianne Kehres mit ihren Völkern an einem Monitoring teilnimmt, erhält sie jedes Jahr eine genaue Pollenanalyse des Honigs, die beweist, dass ihre Bienen durchaus im eigenen Garten an den Vergissmeinnicht und süßen Himbeerblüten trinken, aber im Umfeld noch viel mehr Vielfalt blüht.

Für Marianne Kehres bedeutet der Garten Geborgenheit und Frieden. „Ich mag die Einfriedungen", sagt sie. „Da steckt das Wort Frieden ja schon drin." Auch Büsche und Bäume hat sie gepflanzt, um „beschützt" durch den Garten gehen zu können. In Frieden und Einheit mit der Natur genießt sie das gewünschte und von ihr unterstützte Zusammenspiel von Mensch, Pflanze und Tier. Zum Beispiel im Kastanienbaum, den sie als kleines Pflänzchen setzte und der sich heute kaum mehr umarmen lässt. Seine Blüten wandeln sich nach der Befruchtung von gelb zu rot, um damit den Bienen zu signalisieren, dass es bei ihnen nichts mehr zu holen gibt. „Man bekommt so viel zurück", sagt Marianne Kehres. „Wenn ich ein bisschen Glück brauche, dann gehe ich in den Garten."

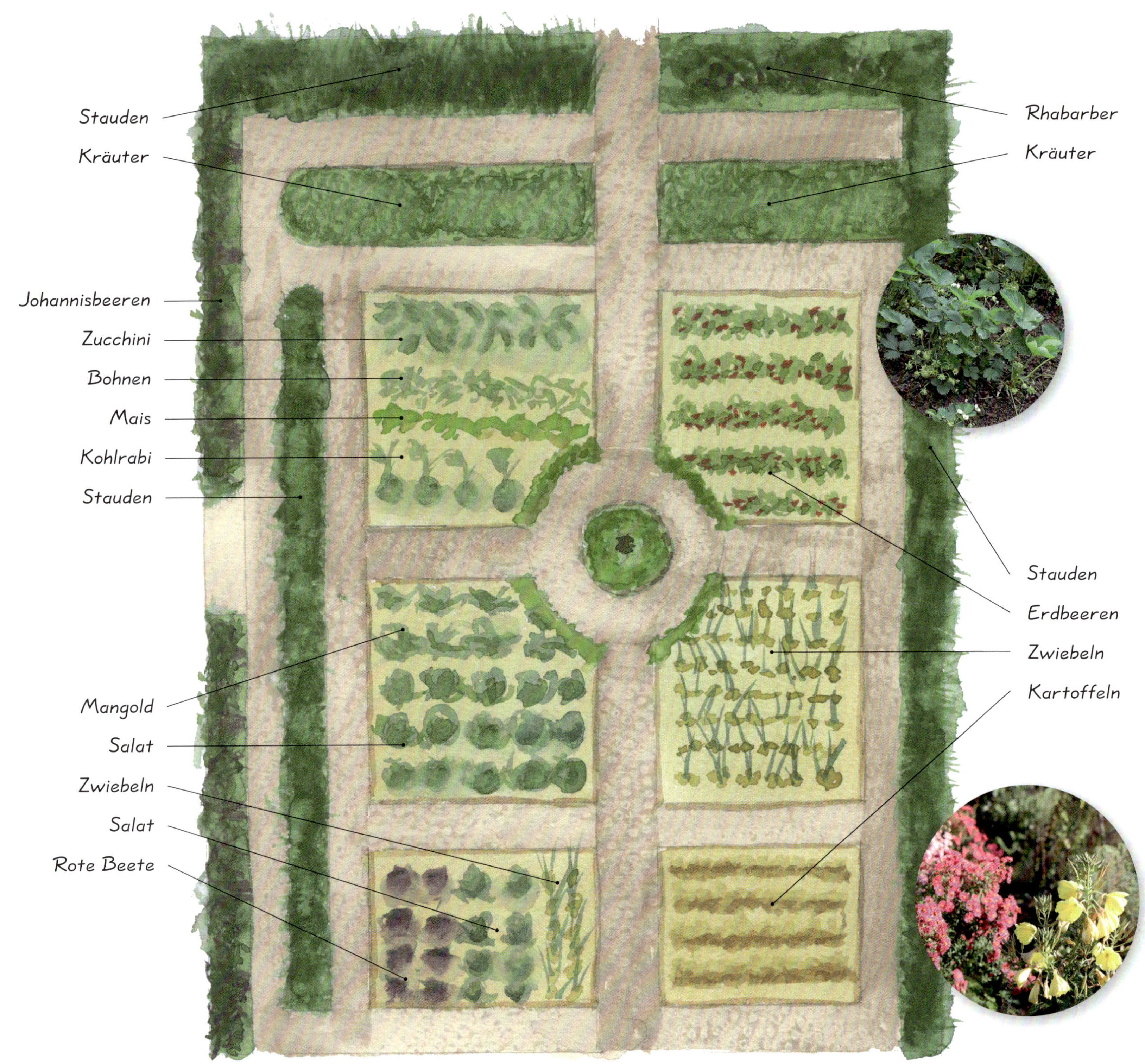
Stauden
Kräuter
Johannisbeeren
Zucchini
Bohnen
Mais
Kohlrabi
Stauden
Mangold
Salat
Zwiebeln
Salat
Rote Beete
Rhabarber
Kräuter
Stauden
Erdbeeren
Zwiebeln
Kartoffeln

Apfelbäume

Vom Sinn des Sortensammelns

Annette und Gerd Franken, Nümbrecht

Bauerngarten ist nicht gleich Bauerngarten. Immer spiegelt er auch die Motivation, die persönlichen Vorlieben und das Innenleben derer wider, die ihn anlegen und pflegen. So auch bei Annette und Gerd Franken, die beide ambitionierte Gärtner sind, aber andere Ansprüche an Form und Nutzen stellen. Da genug Platz auf dem Grundstück war, entschieden sie sich daher kurzerhand für „getrennte Gärten".

Gerd Franken liebt die Ästhetik in der Form der Gartenanlage und was Gemüsesorten angeht, ist er eher pragmatisch auf einen guten Ertrag ausgerichtet. So hat er seinem Teil des Gartens eine klassische, eher an Barockgärten angelehnte Form gegeben, in der alles seinen festen Platz hat. Annette Franken räumt der Natur etwas mehr Freiraum ein. „Bei mir darf auch schon mal wachsen was ich nicht selbst gesät habe“, sagt sie. Ihre Leidenschaft gilt den Blumen, aber auch besonderen Gemüsesorten. Während bei ihrem Mann eher die ertragreichen Kartoffelsorten in der Erde wachsen, probiert sie alte Sorten wie das Bamberger Hörnle oder kleine blaue Kartoffeln aus. Die Ernte ist zwar geringer, aber, so sagt sie: „Das können wir uns leisten.“

Die getrennte Vielfalt ist in den Gärten der Eheleute Franken eine doppelte Vielfalt, zumal beide eine gewisse Sammelleidenschaft an den Tag legen. Egal ob Blumen oder Gemüse – eine Sorte bleibt selten allein. Neben einem Dutzend Kartoffelsorten sprießen 40 Sorten Funkien und rund 20 verschiedene Sorten Pfingstrosen.

Doch das Sammeln von Pflanzensorten ist anders als etwa das Sammeln von Briefmarken. Dass Gerd Franken eine Vielzahl von Buchsbaumsorten anpflanzte, hat dazu geführt, dass er – im Gegensatz zu einer Reihe anderer Gärtner – auch heute noch einen guten Bestand an Buchsbaum hat. Das große Buchsbaumsterben der vergangenen Jahre befiel nur einen Teil der Sorten, während andere sich resistent gegenüber dem aggressiven Pilz erwiesen. Für alle Fälle hält Gerd Franken noch eine ganz andere Alternative bereit: In Anlehnung an alte Klostergärten fasst er seine Beete statt mit Buchs auch mit Gamander ein.

Der älteste „Bewohner“ des Gartens ist ein 300 Jahre alter Nussbaum mit regem tierischen Leben. Auch ein Quitten-Viertelstamm fühlt sich so wohl, dass er die offizielle durchschnittliche Lebensdauer mit 38 Jahren bereits weit überschritten hat. Was die Liebe zur Natur angeht, unterscheiden sich Annette und Gerd Franken keineswegs – und spätestens wenn das Essen der Selbstversorger auf den Tisch kommt, gibt es auch kein „Mein Gemüse, dein Gemüse“ mehr.

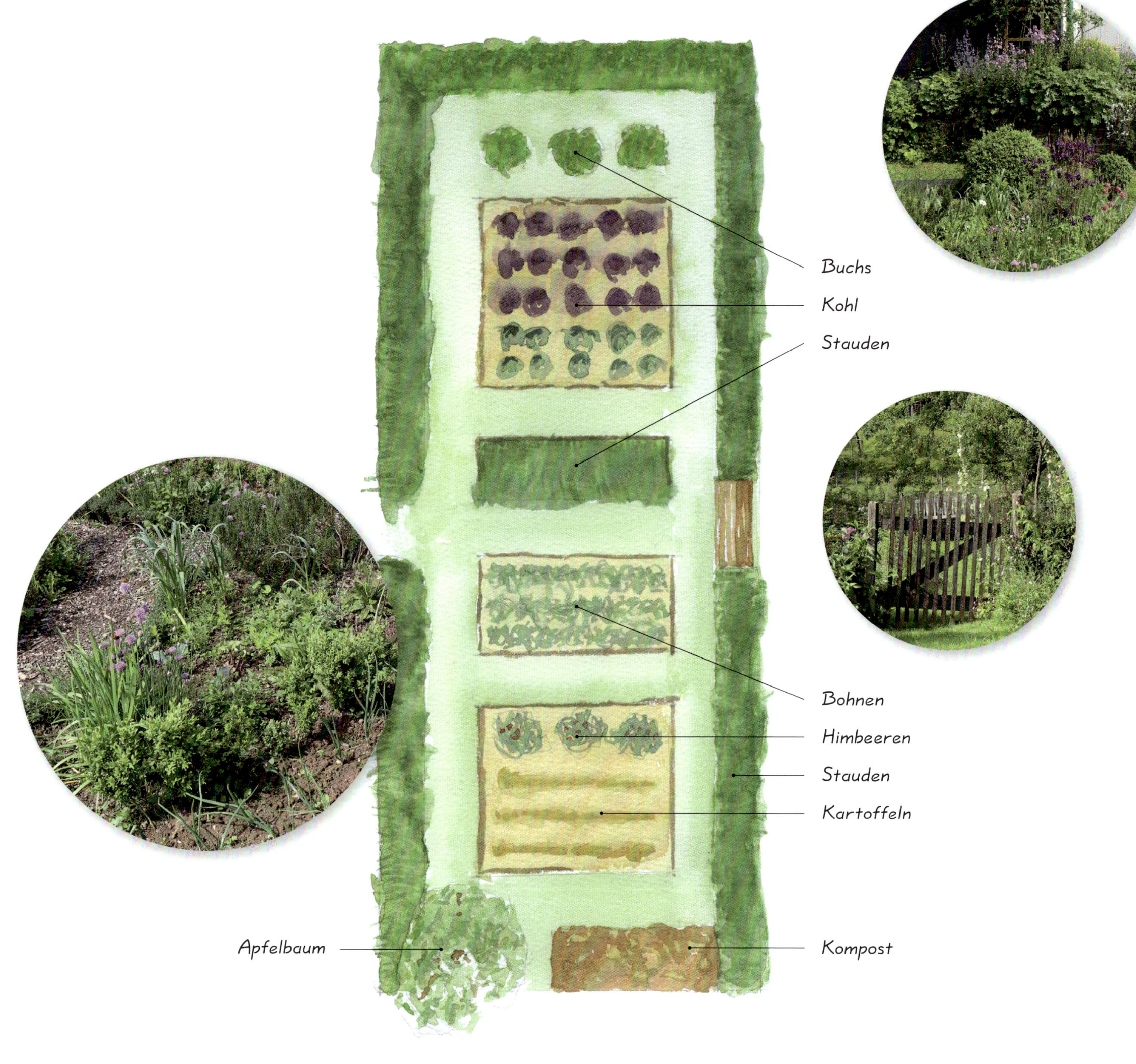
Buchs
Kohl
Stauden
Bohnen
Himbeeren
Stauden
Kartoffeln
Apfelbaum
Kompost

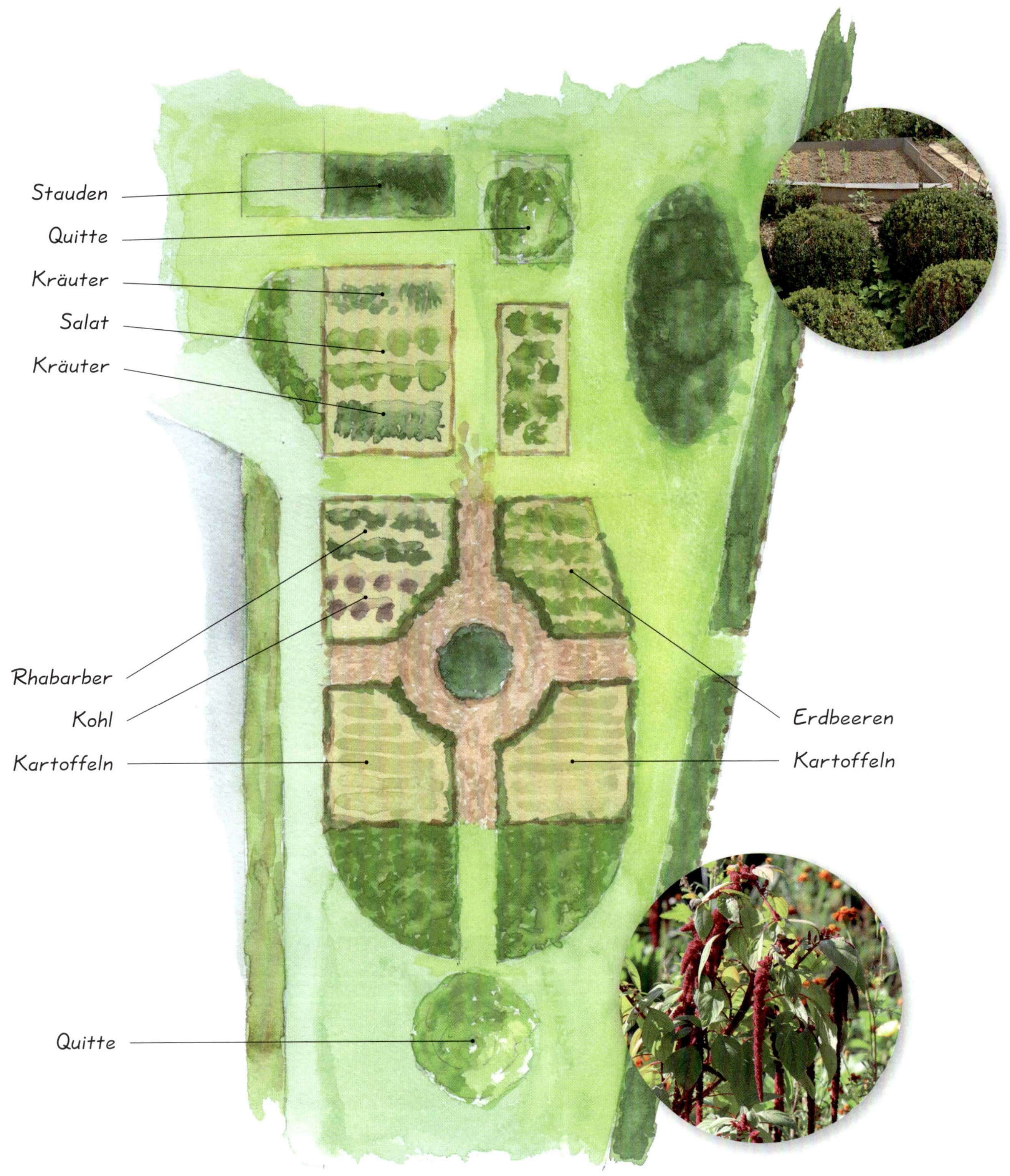
Stauden
Quitte
Kräuter
Salat
Kräuter
Rhabarber
Kohl
Kartoffeln
Quitte
Erdbeeren
Kartoffeln

Der Zauber der Dämmerung

Ruth Brücher, Nümbrecht

Das Haus, in dem Ruth Brücher lebt, ist zwar aus dem Jahr 1899, aber es ist bereits das dritte Wohngebäude, das auf diesem Fleckchen Erde in Nümbrecht erbaut wurde. Ein Garten, so ist sich Ruth Brücher nach dem Stöbern in der Vergangenheit sicher, ist hier schon seit etwa 200 Jahren. Seit sie ihn gestaltet, hat sie immer wieder ausprobiert und umgestellt.

Als Ruth Brücher 1975 einzog, war der Garten ein Sprung ins kalte Wasser. „Ich hatte keine Ahnung", sagt sie. „Am Anfang war meine Motto: Was steht denn auf der Tüte drauf?" Sie besorgte sich Literatur, nahm an Seminaren teil, suchte Kontakt zur Bergischen

Gartenarche. 40 Jahre später ist Ruth Brücher nicht mehr die, die fragt, sondern die, die gefragt wird, denn ihr Bauerngarten ist eine runde Sache – nicht nur wegen der Form des Rondells.

Ob der Erfolg immer an ihren gärtnerischen Maßnahmen liegt oder ganz einfach am Glück, kann sie nicht genau sagen. Doch aus der rabenschwarzen, lockeren Erde sprießen Gemüse und Blumen, die weder mit dem Wachstum noch mit Schädlingen Probleme zu haben scheinen. Die Pfingstrose ihrer Mutter blüht seit 60 Jahren an der gleichen Stelle und auch der ähnlich alte Stachelbeerstrauch trägt noch jedes Jahr Früchte. Aus einem Geranien-Ableger, den Ruth Brücher vor vielen Jahren von Marie-Luise Kreuter, der Pionierin des ökologischen Gärtnerns, erhielt, zieht sie jährlich neue Pflanzen, deren üppige Blüte der bergische Regen völlig gleichgültig lässt.

Ruth Brücher gräbt nicht um, sondern geht im Frühjahr nur mit dem „Sauzahn“ durch die oberste Bodenschicht. Sie hält sich an den Rat des Mondkalenders, alles, was oberirdisch wächst, nur bei zunehmendem und Wurzelgemüse nur bei abnehmendem Mond zu pflanzen. Sie gießt nur spärlich, um die Pflanzen zu zwingen, tiefer zu wurzeln, und wenn, dann nur am Morgen. Nie pflanzt sie Zwiebeln mit Bohnen oder Kohlrabi mit Erbsen zusammen, und schon gar nicht Kartoffeln zu Tomaten.

„Ich lebe mit der Natur“, sagt Ruth Brücher. Ganz nah ist sie ihr zu einer besonderen Tageszeit. In der abendlichen Dämmerung, gerne auch dann, wenn ein paar Nebelschwaden durch die Landschaft ziehen, steigt sie gerne die Treppenstufen zu ihrem Garten hinunter. Dann lauscht sie der Eule, die sich bei den Nachbarn eingenistet hat, spürt die umherschwirrenden Fledermäuse und findet ihren Tagesabschluss. „Das ist so schön, so eine Ruhe“, sagt sie. „Andere sitzen vor dem Fernseher – ich bin dann dort draußen.“

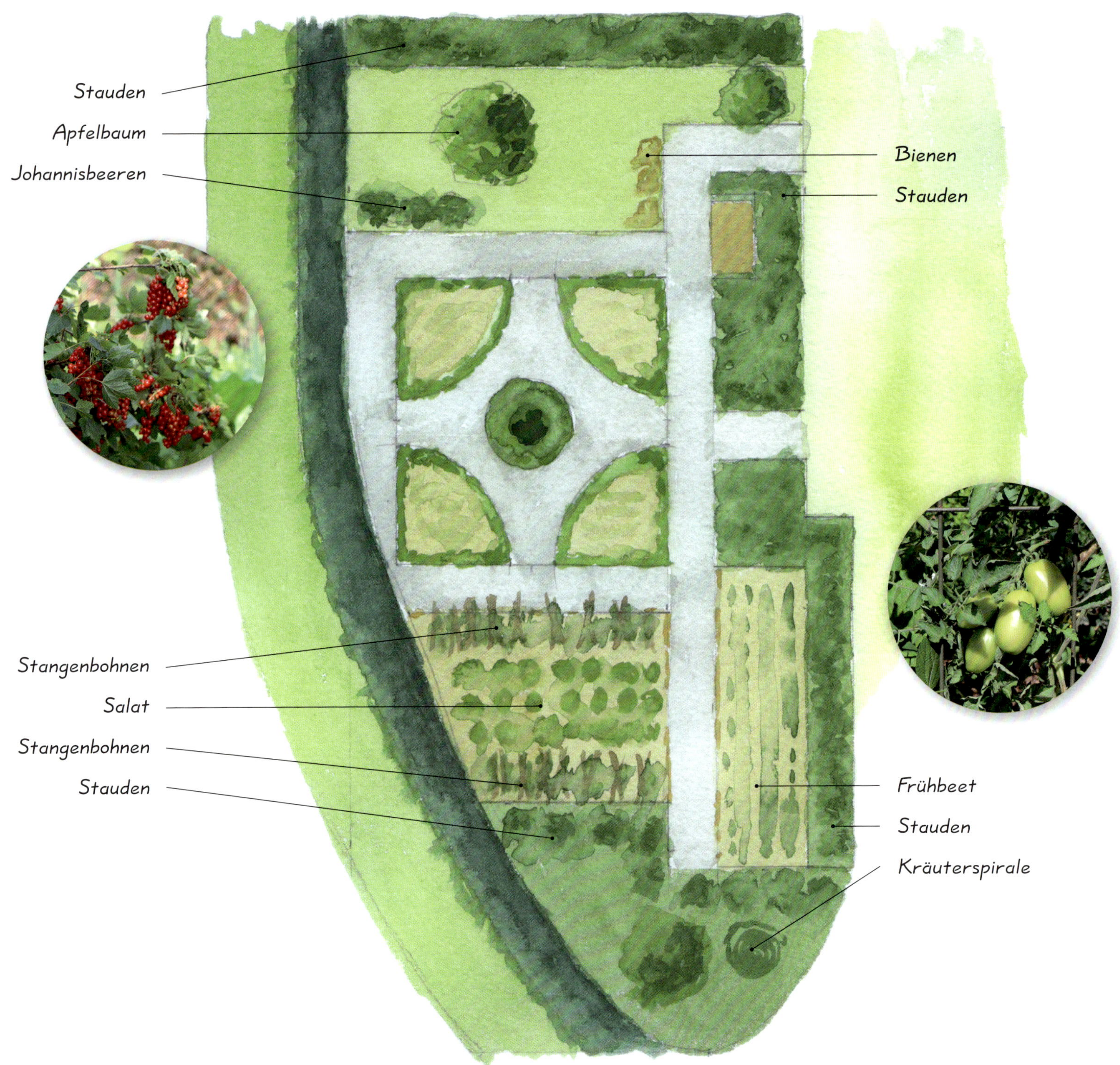
Stauden
Apfelbaum
Johannisbeeren
Bienen
Stauden
Stangenbohnen
Salat
Stangenbohnen
Stauden
Frühbeet
Stauden
Kräuterspirale

Straße

Die Natur näher bringen

Museumsdorf Altwindeck, Windeck-Altwindeck

Der Garten im Museumsdorf Altwindeck ist eines der Projekte der „Agenda naturnaher Garten“, einer Gruppe engagierter Naturfreunde, die sich 2002 gegründet hat. Carla Biegel ist Gartenbautechnikerin und koordiniert das runde Dutzend ambitionierter Hobbygärtner, die sich einmal im Monat im Garten treffen.

Im Vordergrund steht das naturnahe Gärtnern und die Weitergabe von Wissen an die Bevölkerung. Dazu präsentiert sich die Gruppe mit einem Pflanzen- und Gartenflohmarkt und auf den Märkten des Museumsdorfes. „Wir wollen dort den Besuchern einfach die Natur näher bringen“, sagt Carla Biegel. „Es geht darum, die natürlichen Zusammenhänge zu erkennen und zu erkunden.“ Dazu führen die Gärtner nicht nur durch den Garten, sondern bieten auch Vorträge, Flyer und Rezepte zu den Pflanzen an.

Sie zeigen Nährpflanzen für Bienen und Schmetterlinge wie Johanniskraut, Glockenblume, wilde Malve oder die lila blühende Nachtviole und erklären das Insektenhotel im Garten. Sie zeigen Kompostarten und ihre Bewohner oder präsentieren Wildobst und Wildfruchthecken. Im Garten wachsen zum Beispiel Apfelbeere, Weinbeere und die germanische Mispel. Sanddorn und Holunder werden dann schon mal zusätzlich als „Gäste“ mitgebracht.

Für Gemüseanbau ist der Treff einmal im Monat zu wenig, daher hat sich die Gruppe auf Beeren und Obstbäume, Kräuter und Blumen konzentriert. Ein besonderes Schmuckstück ist der Mohn, der zum Frühsommermarkt mit seinen satten dunkelroten Blüten bewundernde Blicke auf sich zieht. Auch das hohe gelbe Brandkraut wird vielbeachtet, weil es den wenigsten bekannt ist.

„Anders ist auch immer ein Argument“, sagt Carla Biegel. Auch ein Pfirsichbaum steht im Garten, der dicke Früchte trägt, und manch Besucher kann kaum glauben, dass er nicht als Bäumchen dort hingesetzt wurde, sondern ganz originär aus einem Kern gezogen wurde.

Jens Klein, ehrenamtlicher Geschäftsführer des Heimatmuseums Altwindeck, sieht den Garten als „Herzstück" des Museumsdorfes. Garten und Fachwerk – das gehöre einfach zusammen. Klein, der auch im Bundessprachenamt arbeitet, führt manchmal Menschen aus 50 verschiedenen Ländern durch das kleine Museum. „Dass jemand seine Freizeit einbringt, um anderen Menschen eine Art Zeitreise zu ermöglichen, kennen die wenigsten", erzählt er. Alle aber genießen die Zeitreise und auch die Möglichkeit, im Garten Kräuterblätter „hautnah" zu verreiben und zu riechen. Im Gegensatz zu den Ausstellungen in den Innenräumen des Museums braucht für einen naturnahen Garten niemand eine Zeitreise zu machen – er muss nur zurück zur Natur.

Stauden
Stauden
Birnbaum
Stauden
Stauden
Stauden

Schloßstraße
45

Wenn Hecken lebendig werden

Gisela Daubitz und Andreas Pooch, Windeck

Während andere sich im Hinblick auf das Alter eher verkleinern möchten, wollten Gisela Daubitz und Andreas Pooch mehr Platz. Das Ziel: autarker leben. Seit 2006 haben sie Platz. Auf 1.300 Quadratmeter Grundstück gestalteten sie aus einer Wiese mit ein paar Obstbäumen, Liguster und Koniferen einen Garten, in dem Wildes und Geformtes mit einem kleinen revolutionären Touch vereint sind. Mit wohlwollender Gelassenheit gestatten sie seinen pflanzlichen und tierischen Bewohnern ein gewisses Eigenleben.

Der alte Apfelbaum hat beinahe ein wenig Symbolcharakter für ein Motto, das nahe bei „Leben und leben lassen" liegt. „Nachbarn hätten ihn schon lange gefällt", sagt Andreas Pooch. Tatsächlich ist der Stamm löchrig, haben sich Specht und Kleiber erfolgreich ans Werk gemacht, aber dennoch trägt der Baum jedes Jahr Früchte – wenn auch nur auf einer Seite. Wilde Rosen und ein Jelängerjelieber ranken an ihm empor. „Der kippt nie um", sagt die Gisela Daubitz mit einem Lächeln. „Er könnte ruhig wackeln, aber das tut er noch nicht mal."

Ein Baum mit Charakter. Auch die Ligusterhecke teilt sich den Platz mit Rosen, Hainbuche und allerlei unfreiwillig Eingesätem. „Die meisten lassen so etwas gar nicht zu", sagt Gisela Daubitz. „Wir schon." Auch die Gärtnerin hat Charakter. Die Thuja-Fichten-Phalanx wurde gefällt. An den Rändern wachsen nun neben Liguster- auch Wildobsthecken und am hinteren Rand eine Benjeshecke. Stabile Stäbe bilden ihren Rand, der Hohlraum dazwischen wird mit Ästen und Zweigen aufgefüllt. Durch Windanflug und Samen aus dem Kot rastender Vögel werden die Hecken lebendig. „Da wächst rein, was will", sagt Gisela Daubitz.

Wildkräuter und –pflanzen wie die hellviolette wilde Karde, Nachtkerzen oder Wasserdost dürfen sich ebenfalls ausbreiten, was sie ihrem Wesen nach auch gerne wahrnehmen. Die Staudenbeete sind dicht und pflegeleicht, und dort wächst sogar Frankfurter Soße. Nun ja, es wachsen neben Schnittlauch und Petersilie auch Pimpernelle, Sauerampfer, Kerbel, Borretsch und Kresse, womit sich die Soße leicht herstellen lässt.

Nur das Gemüse wächst nicht so, wie es die Gärtner geplant hatten. Gemüse bräuchte einen besseren Boden und keine armdicken Thuja-Wurzeln und 40 Jahre Fichtenmulch. Aber auch das wird. Gartenfreunde machten ihnen Mut und empfahlen Geduld. Es sei der richtige Weg. Die Gelassenheit abzuwarten, was die Natur so tut, hat Gisela Daubitz nicht lernen müssen. Da kommt durchaus der Gedanke auf, ob sie sich das Grundstück ausgesucht hat – oder ob es nicht vielleicht genau umgekehrt gewesen ist.

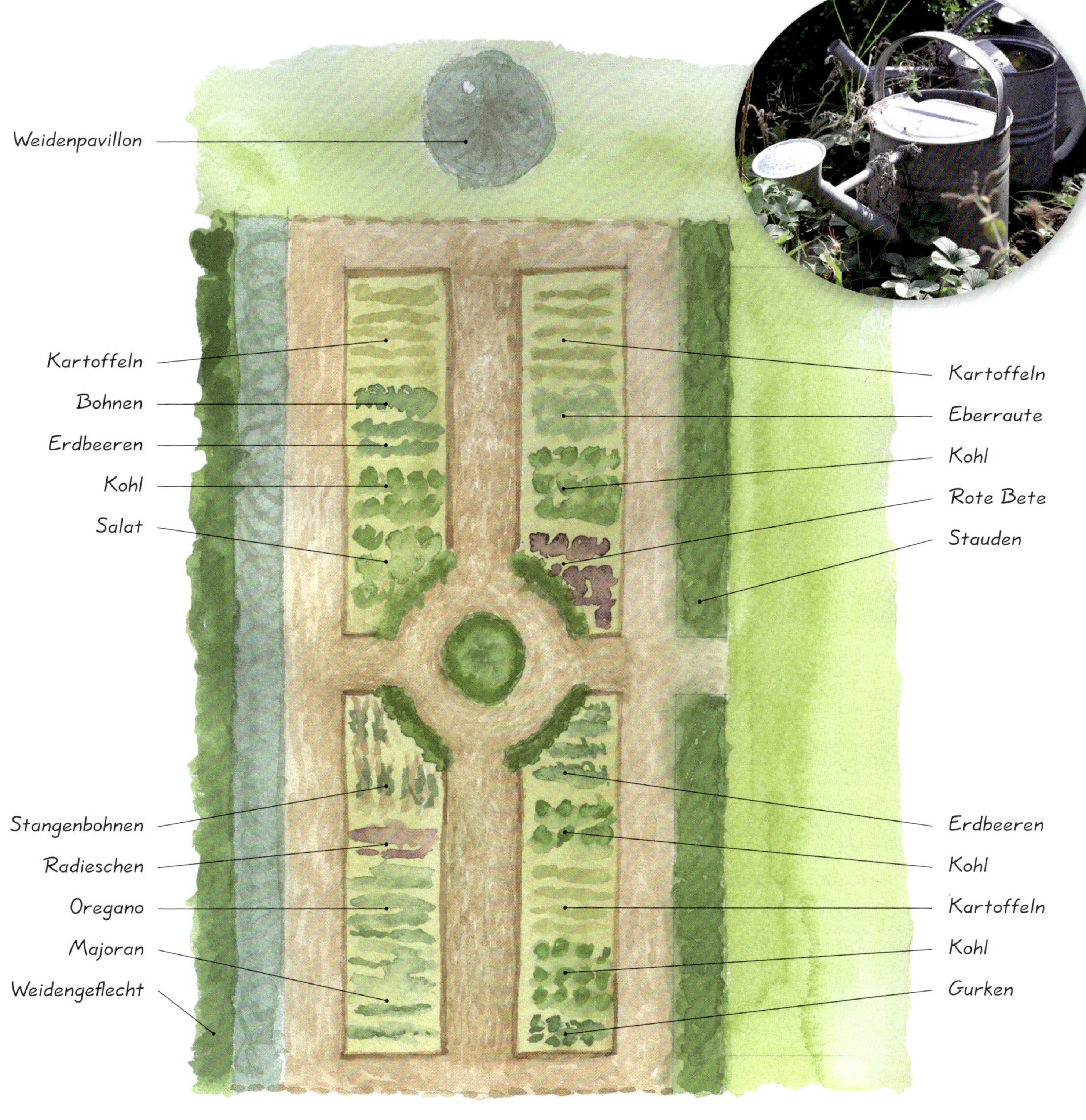
Weidenpavillon
Kartoffeln
Bohnen
Erdbeeren
Kohl
Salat
Kartoffeln
Eberraute
Kohl
Rote Bete
Stauden
Stangenbohnen
Radieschen
Oregano
Majoran
Weidengeflecht
Erdbeeren
Kohl
Kartoffeln
Kohl
Gurken

Adressen

Gerlinde Honke-Feuerstack,
Barmer Str. 16, Sprockhövel-Herzkamp (An der Feuerwache)
Verkauf von Gemüse, Obst und Honig, Blumenfeld zum Selbstpflücken

Britta und Andre Huppertsberg, Wuppertal
Privater Garten

Eva Kremer und Frank Stiller, Wuppertal
Privater Garten

Lorenzhaus, Radevormwald
Privater Garten

Gasthof Eierkaal, Sabine Rosenbaum
Dörpholz 8, 42897 Remscheid
www.eierkaal.de

Rita und Helmut Bladt, Hückeswagen
Privater Garten

Brigitte Henninghaus, Wermelskirchen-Oberhagen
Privater Garten

Lambertsmühle
Lambertsmühle 1, 51399 Burscheid
www.lambertsmühle-burscheid.de/

Museum Haus Dahl
Dahl 3, 51709 Marienheide-Müllenbach
www.museum-haus-dahl.de

LVR-Freilichtmuseum Lindlar, Archegarten und Bauerngarten
Schloss Heiligenhoven, 51789 Lindlar
www.freilichtmuseum-lindlar.lvr.de

Katharina und Werner Hagen, Lindlar
Privater Garten

Marianne und Helmut Frielingsdorf, Lindlar
Privater Garten

LVR-Industriemuseum, Papiermühle Alte Dombach
Alte Dombach (an der Kürtener Straße), 51465 Bergisch Gladbach
www.papiermuehle-alte-dombach.de

Helga Wirz, Reichshof-Freckhausen
Privater Garten

Hof Tüschenbonnen
Ute Brehm und Michael Schröter, Much-Tüschenbonnen
Privater Garten

Marianne und Bertram Kehres, Much-Növerhof
Privater Garten

Annette und Gerd Franken, Nümbrecht
Privater Garten

Ruth Brücher, Nümbrecht
Privater Garten

Museumsdorf Altwindeck
Im Thal Windeck 17, 51570 Windeck-Altwindeck
www.heimatmuseum-windeck.de

Gisela Daubitz und Andreas Pooch, Windeck
Privater Garten

Bildnachweis

Titelbild: Lambertsmühle
Seite 2-3: Garten Frielingsdorf
Seite 160: Garten Hagen
Einband Rückseite (im Uhrzeigersinn von oben links):
Garten Honke-Feuerstack, Hof Tüschenbonnen, Lambertsmühle, Garten Huppertsberg, Garten Kremer/Stiller, Garten Brücher, Garten Honke-Feuerstack, Garten Huppertsberg

Literatur

Brockpähler, Renate: Bauerngärten in Westfalen, Münster, 1985

Finken, Kriemhild: Vom Zauber alter Bauerngärten, Ostfildern, 2008

Hensel, Wolfgang/Becker, Jürgen: Prachtvolle Nutz- und Bauerngärten, Hilden, 2003

Schulmeyer-Torres, Doris: Bauerngärten, Saarbrücken, 1994

Steinberger, Bärbel: Mein Bauerngarten. Geschichte, Brauchtum, Praxis, München, 2012

Wegener, Hans: Vom deutschen Bauerngarten, Leipzig, 1937

Widmayr, Christiane: Alte Bauerngärten neu entdeckt, München, 1984

Ziburski, Albrecht: Gärten auf dem Lande, Stuttgart, 2014

Impressum

Bauerngärten im Bergischen Land

ISBN 978-3-945763-17-9

1\. Auflage, August 2016

Bergischer Verlag
RS Gesellschaft für Informationstechnik mbH & Co. KG
Verleger Arndt Halbach, Martin Czialla
Auf dem Knapp 35, D-42855 Remscheid
http://www.bergischerverlag.de
e-mail: info@bergischerverlag.de

Herausgeber: Thomas G. Halbach, Dipl.-Ing. Agr.

Fotos: Eberhard Vogler

Texte: Karin Grunewald

Layout und Gesamtherstellung:
Bergischer Verlag, Ernst-Wilhelm Bruchhaus